Elogios para *El Señor Le Dé Paz: Una Travesía De 28 Días Para Prosperar En El Shalom De Dios*

«Con mente de erudito y corazón de pastor, Terry A. Smith nos lleva a no solo imaginar lo que puede ser una vida alineada con la intención original de Dios, sino también a buscar ese alineamiento y experimentar la plenitud y la paz que Dios quiere. Le animo a acoger la invitación a esta travesía de 28 días que lo lleva desde experimentar la paz de Dios a ayudar a hacer realidad esa paz en un mundo que la necesita desesperadamente».

Obispo Claude Alexander, pastor principal, The Park Church,
Charlotte, NC; presidente del consejo de *Christianity Today*
y Gordon-Conwell Theological Seminary

«El pastor Terry Smith provee una visión multidimensional de shalom: una unión íntima con el Señor y descansar en él. En cada capítulo, enriquecedores versículos bíblicos e ilustraciones de situaciones cotidianas dan vida a cada dimensión de shalom. Shalom... es la manera como deben ser las cosas».

Robert C. Doll, CEO/CIO, Crossmark Global Investments;
anterior CIO, BlackRock y Merrill Lynch;
presidente del consejo, Lausanne Movement

«Terry ha expandido brillantemente mi comprensión y experiencia del shalom de Dios para nuestro mundo y para nuestra vida cotidiana. Tan bien escrito. Una opción muy recomendable para el tiempo diario con Dios».

Andy Wood, pastor principal, Saddleback Church

«*El Señor Le Dé Paz* rápidamente ha llegado a ser mi forma favorita de comenzar el día. El pastor Terry Smith entreteje con gracia historias y Escrituras de una manera que resulta convincente y apunta al lector hacia Cristo. Me encuentro al otro lado de esta travesía de 28 días sintiéndome alentada, llena de paz y fortalecida espiritualmente. ¡Shalom a todos los que abran esta libro».

Ginna Claire Mason, Glinda, la bruja buena en la obra de Broadway *Wicked*; estrella de Hallmark Channel conferenciante

«Esta obra reveladora escrita por el gran Terry A. Smith es un tesoro repleto de claves para el poder sobrenatural de la paz profunda de Dios. Qué exploración tan inspiradora de una realidad de paz que cambia la vida, aunque es a menudo subestimada, acompañada de formas sencillas y prácticas de experimentar el shalom de Dios ¡ahora!».

Tauren Wells, artista nominado a los Grammy; pastor, Iglesia de Whitestone, Austin, TX

Elogios para libros anteriores de Terry A. Smith

The Lord Bless You: A 28-Day Journey to Experience God's Extravagant Blessings (Obra en inglés)

«¡*The Lord Bless You* me trajo gran gozo! Está escrito de una manera hermosa, fluida y accesible que inmediatamente me transmitió tranquilidad».

Artista y autora

«Una lectura entretenida. *El Señor le bendiga* nos lleva en una travesía devocional dentro de la actitud de Dios hacia nuestro mundo y las personas que viven en él, y cómo podemos asociarnos con Dios para experimentar ese propósito... ¡una vida de bendición!».

A. R. Bernard, pastor, Christian Cultural Center, Nueva York

«¡Pastor Terry lo hace de nuevo! Este libro es inspirador y aspiracional, ya que lleva al lector por una travesía de 28 días de lo que realmente significa ser bendecido por Dios, así como lo que significa ser una verdadera bendición para otros».

Roman Oben, campón del Super Bowl XXXVII,
vicepresidente del desarrollo del fútbol, Liga Nacional de Fútbol

The Hospitable Leader: Create Environments Where People and Dreams Flourish (Obra en inglés)

«*The Hospitable Leader* presenta un nuevo acercamiento significante al liderazgo que sin duda mejorará las organizaciones que lo acojan. El profundo compromiso de Terry Smith con el liderazgo moral, dignidad y diversidad brilla en cada página».

Jack Welch, (fallecido) CEO anterior de General Electric,
y Suzy Welch, autora de éxito

«Uno de los libros sobre liderazgo más inspiradores que he leído en una década. *The Hospitable Leader* es una mezcla singular... en parte Dallas Willard, en parte Winston Churchill, en parte la Madre Teresa, pero completamente singular. Le encantará este libro».

Valerie Bell, CEO Emerita, Awana Clubs International

«Terry Smith es un líder y comunicador extraordinario. *The Hospitable Leader* es Terry a su máximo nivel como pensador, escritor y líder. Es una lectura fantástica e importante».

Dr. Mac Pier, fundador, Movement.org

«Hospitalidad y liderazgo no suelen ser palabras que coincidan, pero este libro demuestra cómo las ideas son inseparables».

Mark Batterson, autor del éxito de ventas del *New York Times*
The Circle Maker

«Si usted piensa que la hospitalidad es simplemente una tarea para su equipo, le falta esto».

Carey Nieuwhof, *The Carey Nieuwhof Leadership Podcast*

Live Ten: Jump-Start the Best Version of Your Life
(Obra en inglés)

«Si está buscando significado en su vida, tiene que leer Live Ten. Este libro está lleno de esperanza».

Ken Blanchard, coautor *The One Minute Manager*
y *Lead Like Jesus*

«Terry ha dado en el clavo: un libro que le hará volver a emocionarse con la vida».

Bill Rose, dueño minoritario, New York Yankees

EL SEÑOR *Le Dé Paz*

Baker Publishing Group
Libros por Terry A. Smith en inglés

The Hospitable Leader

The Lord Bless You

The Lord Give You Peace

EL SEÑOR *Le Dé Paz*

UNA TRAVESÍA DE 28 DÍAS PARA PROSPERAR EN EL SHALOM DE DIOS

TERRY A. SMITH

HIGHERLIFE
PUBLISHING & MARKETING

Publicado por HigherLife Publishing & Marketing
Oviedo, FL
ahigherlife.com
Impreso en los Estados Unidos de América

Library of Congress Cataloging-¬in-¬Publication Data

Names: Smith, Terry A., 1962– author.

Title: The Lord give you peace : a 28-day journey to thrive in God's Shalom / Terry A. Smith.

Description: Oviedo, FL : HigherLife Publishing & Marketing, [2025] | Includes bibliographical references.

Identifiers: Library of Congress Case No.1-14659616911| ISBN 9798218593827 (cloth) | ISBN 9781964081380(ebook)

Subjects: LCSH: Peace—¬Religious aspects—¬Christianity. | Spirituality—¬Christianity.

Diseño de cubierta por Christopher Gilbert, Studio Gearbox

Para mi mamá,
Glenda Jean Smith
Nada, salvo el amor de Dios, puede traer paz
como el amor incondicional de una madre.
Y usted es la mejor.
La amo, Mamá.

CONTENIDO

Sección 3 ARMONICE

Sección 4 AUMENTE

Shalom

UNA INTRODUCCIÓN

Estábamos sentados, ansiosos, en el asiento trasero del automóvil. Mi esposa, Sharon, tenía en sus brazos a nuestra hija de un año, Sumerr. Nos encontrábamos en Alemania como oradores invitados, pero en ese momento, solo éramos padres nuevos asustados y lejos de casa, con nuestra primogénita que estaba violentamente enferma. Su fiebre, peligrosamente alta, seguía subiendo, a pesar de nuestros desesperados intentos de remediarla.

Nos llevaban a toda prisa a la sala de emergencias de un hospital, cuando nuestro anfitrión dijo: «Vamos a hacer una parada en el apartamento de esta mujer de fe que conozco y obedecer el versículo bíblico que dice que si alguien está enfermo, que pidamos a un anciano de la iglesia que lo unja con aceite y ore una oración de fe».

Pensé nerviosamente: *Vale la pena intentarlo*, y titubeante dije: «Está bien, pero rápido, por favor». Vimos a una mujer menuda de piel oscura, con una botella grande de aceite de olivo en la mano, acercarse lentamente a nuestro automóvil. Ella untó suavemente un poco del aceite en la frente ardiente de Sumerr y dijo unas palabras que nunca olvidaré: «Mando a este cuerpo a alinearse con la Palabra de Dios». Instantánea y milagrosamente, aquella fiebre furiosa se desvaneció y nuestra preciosa niña quedó completamente sana.

En las décadas desde aquella experiencia tan asombrosa, me he preguntado a menudo cómo serían nuestras vidas, cómo sería el mundo que nos rodea, si todo en nosotros y a nuestro alrededor se alineara con la Palabra de Dios. No solo nuestros cuerpos físicos, sino nuestros pensamientos y emociones, nuestras familias y otras relaciones, nuestras carreras, los lugares donde vivimos y cualquier otra faceta de nuestra existencia. ¿Cómo sería si todo reflejara el diseño original de Dios antes de que el primer hombre y la primera mujer rechazaran las palabras de Dios y el mundo enfermara tan febrilmente? ¿Qué pasaría si se acabara la fiebre, quedáramos integralmente sanos —cuerpo, mente y espíritu—, y nuestro mundo quebrantado quedara sano? ¿Y si la ansiedad, la tristeza, las relaciones fracturadas, los conflictos de todo tipo, se resolvieran en, bueno... paz?

Paz es una buena palabra para describir lo que podría ser, lo que debe ser, pero solo si cavamos hondo para desenterrar la riqueza de la idea bíblica de paz. Nuestra palabra en español, *paz*, es un intento digno pero inadecuado de traducir el glorioso concepto de *shalom*. La palabra *shalom* se usa explícitamente y con frecuencia en el hebreo del Antiguo Testamento, y el concepto es captado por una palabra griega correspondiente usada frecuentemente en el Nuevo Testamento. Ambas suelen traducirse «paz», pero es difícil encontrar una palabra en español que explique completamente la magnitud de shalom. La palabra shalom y sus variaciones se usan unas 550 veces en las Escrituras.

Los eruditos diligentemente han tratado de explicar esta enorme idea con definiciones impresionantes como, shalom «es una visión que abarca toda realidad» y «reúne todos los aspectos de plenitud que resultan de que la voluntad de Dios se complete en nosotros». O shalom tiene que ver con «el cumplimiento... haber logrado todo lo que Dios planeó... la buena voluntad y la armonía» entre las personas y «la total realización del favor [de Dios]». La paz bíblica afecta a cada dimensión de nuestras vidas: espíritu, cuerpo y lugar físico, mente y sentimientos, y relación con Dios, con nosotros mismos y con otros. «Permanecer en shalom es disfrutar de vivir delante de Dios, disfrutar de vivir en nuestro entorno físico, disfrutar de vivir con nuestros semejantes, disfrutar de la vida con uno mismo». En pocas palabras, «Shalom... es cómo deben ser las cosas».

Para el propósito de este libro, digámoslo así: *La paz que el Señor da es el armonioso trabajo en conjunto de cada parte de nuestras vidas en alineación con las buenas intenciones de Dios, trayendo bienestar holístico, florecimiento productivo y realización feliz.*

Si usted es en algo parecido a mí, observa el mundo y sabe que las cosas no son como deberían ser. Ve cosas en usted mismo y en sus relaciones que no reflejan esta clase de paz. A veces siente un leve zumbido de angustia o mayor ansiedad, tristeza, enojo o desesperación. Anhela mayores niveles de éxito, significado y alegría. Nuestra insatisfacción con los aspectos «menos que» de nuestras vidas, y nuestro deseo de más y mejor, es un reflejo de lo que Dios pretendía cuando creó este mundo y a las personas como usted y como yo.

Edén ejemplificaba shalom, la manera que Dios quería que las cosas fueran. Las personas prosperaban de todas las formas posibles. Pero shalom fue severamente interrumpida cuando esos primeros seres humanos eligieron desalinear sus vidas con Dios en lugar de alinearse con Sus propósitos benévolos. Shalom sigue siendo afectado debido a su elección... y nuestras elecciones. Permítame asegurarle, sin embargo, que shalom sigue siendo el plan de Dios. Él nos quiere dar paz y todo lo que Él tiene para ofrecer ahora y para siempre a quienes lo reciben.

Me veo cautivado por la profecía de Isaías en la cual él describió un tiempo perturbador en la vida del pueblo de Dios como resultado de sus malas elecciones. Habló de «tribulación» y «angustia» y «oscuridad». Pero luego dijo que Dios tenía un plan para ellos y todos nosotros: Un hijo nacería cuyo nombre sería «Príncipe de Paz» y el aumento de Su gobierno y paz no tendría fin. Esta fue la promesa de Dios acerca de Jesús, por supuesto, quien vino a restaurar paz a un mundo quebrantado y a personas quebrantadas. Me encanta lo que intima aquí: que no solo trajo paz sino que a medida aumente Su gobierno en nuestro mundo y en nuestras vidas, esa paz —shalom— aumentará también.

Cuando confesamos nuestra fe en Jesús, nacemos de nuevo en Su Reino. Conforme crecemos en nuestra relación con Él y aprendemos a vivir en Su Reino, alineados con Su voluntad, experimentaremos a shalom extenderse en cada dimensión de nuestras vidas. La paráfrasis *The Message* rinde la profecía de Isaías así: «Jesús es el Príncipe de plenitud». Crecerá Su autoridad en Su gobierno y no habrá límites a la plenitud que él trae». De eso se trata este libro. Alinéese con la Palabra de Dios y experimente la paz de Dios más y más.

El Señor Le Dé Paz, está organizado en cuatro partes con siete capítulos cortos e inspiradores en cada parte. Parte 1, Florezca le ayudará a comprender mejor shalom y cómo experimentarlo. Parte 2, Cultive, le ayudará a comprender mejor cómo nutrir y hacer crecer shalom. Parte 3, Armonice, le ayudará a comprender mejor cómo tener más paz en sus relaciones personales. Parte 4, Aumente, le ayudará a comprender mejor cómo aliarse con Dios para traer Su paz a las personas y al mundo en su alrededor.

Le animo a leer y disfrutar de *El Señor Le Dé Paz* de la manera que resulte mejore para usted. Permítame sugerir, sin embargo, que considere leer y reflexionar sobre un capítulo cada día por 28 días. Como posiblemente haya escuchado, 28 días es un período óptimo en el cual establecer un nuevo hábito. Mi deseo es que usted aumente habitualmente paz en su vida.

Este es el segundo libro de una serie sobre la oración sacerdotal majestuosa «El Señor le bendiga y le guarde; el Señor haga resplandecer Su rostro sobre usted, y tenga de usted misericordia; el Señor alce sobre usted Su rostro, y le dé paz». En *The Lord Bless You: A 28-Day Journey to Experience God's Extravagant Blessings,* es mi anhelo inspirarle a conocer cuánto Dios quiere hacer el bien en usted, a usted, y por medio de usted. En *El Señor Le Dé Paz: Una Travesía De 28 Días Para Prosperar En el Shalom De Dios,* mi esperanza es inspirarle a quedar satisfecho con nada menos que bienestar holístico, y realización feliz. Esta es la vida tal como Dios ha pretendido.

Que el Señor le bendiga y le dé paz.

SECCIÓN 1

FLOREZCA

uno

Dios Celoso

La profundidad del deseo de Dios de darle paz no se puede exagerar. Usted debe desear y soñar por shalom, no solo porque significa bienestar, florecimiento y realización para usted, sino porque Dios lo desea, y porque el hecho de que usted lo tenga significa que Su sueño se ha hecho realidad.

Hace años, leí un artículo informativo extraordinario acerca de dos delfines en China que de alguna manera ingirieron plástico y quedaron seriamente enfermos. Los intentos quirúrgicos exhaustivos fracasaron. En un último intento de rescatar a los delfines, los veterinarios encontraron un salvador improbable —un pastor de Mongolia de casi dos metros y medio de altura— el hombre más alto del mundo. Los brazos de este hombre medían 106 centímetros cada uno, sin duda los brazos más largos del mundo.

Fue trasladado de urgencia al acuario, donde introdujo uno de sus largos brazos por la boca hasta el estómago de cada delfín, uno tras otro. Agarró el plástico y lo sacó. Este hombre con esos largos brazos salvó la vida de los delfines.

Esta historia me hizo recordar algo que Isaías escribió acerca del ferviente deseo de Dios de salvar al pueblo que Él creó del amargo resultado de sus propias elecciones:

> La mano del Señor no es corta para salvar... Son las iniquidades de ustedes las que los separan de su Dios... No conocen la senda de la paz... El Señor... Lo ha visto y le ha asombrado ver que no hay nadie que intervenga, Por eso su propio brazo vendrá a salvarlo... y se envolvió en el manto de sus celos.

Cuando Dios miró y vio que las cosas no eran como Él quería que fueran en el mundo que había creado, quedó alarmado y tuvo que intervenir. Y a través de Jesús, Dios extendió Su brazo hasta este mundo para salvarnos y traernos paz. Dios, después de todo, tiene los brazos más largos del universo. Se envolvió en celos y alcanzó hasta muy, muy abajo para redimirnos a usted y a mí.

Esto hace eco del asombroso texto de la profecía de Isaías acerca de la venida del Príncipe de la Paz y de cómo el aumento de su Reino y shalom nunca tendrá fin. Dice: «Esto lo llevará a cabo el celo del Señor de los Ejércitos». ¿Por qué envió Dios a Jesús para enderezar las cosas en este mundo quebrantado? Porque, como dice otra traducción: «¡El ferviente compromiso del Señor de los Ejércitos Celestiales hará que esto suceda!». Dios hizo lo que hizo porque celosamente quería paz. Y ¿por qué la quería tanto? Porque, como lo dice todavía otra traducción: «Esto lo hará el ardiente amor del Señor todopoderoso».

Nunca subestime el poder que Dios tiene para obtener lo que quiere. Toda la historia humana es una respuesta al hecho de que Dios diseñó y creó el mundo que Él quería, y luego les dio a las personas que creó la oportunidad de tener lo que Él quería o de tener lo que ellas creían que querían. Trágicamente, eligieron su propio camino en lugar del camino de Dios. Él, sin embargo, no cambió de parecer en cuanto a Su sueño para Su mundo. Así que se presentó en Edén, inmediatamente después de la vergonzosa secuela de la Caída de la humanidad, y prometió que un día un hombre nacería de una mujer para deshacer todo el daño que estas personas —nuestros padres— habían hecho. Él estaba decidido que al final Él tendría lo que Él quería, y que lo compartiría para siempre con personas que también lo quieren.

Antes de la Caída, Edén irradiaba shalom. Bien se ha dicho que las elecciones humanas —el pecado —vandalizaron a shalom. Dios entonces respondió desapasionadamente con un desdeñoso, «Ni modo». Cornelio Plantinga captura la pasión de Dios: «Dios odia el pecado...porque viola shalom, porque rompe la paz, porque interfiere con la forma en que deben ser las cosas».

Quiero que nos imaginemos a Dios parado en el Huerto después de que Adán y Eva han pecado, temblando con emoción violenta, inflamado con ira justa, airado que el bien que Él había pretendido no haya sido aceptado y que nada era como Él había querido que fuera. Luego escucha a Dios decir: *Tengo un plan para redimir este desastre y recuperar todo el bien que quiero para este mundo y las personas que creé.* Pero asegúrese de escucharle decirlo con celo. Porque es Su celo lo que impulsa Sus acciones de extenderse dentro de este mundo y arreglar lo que salió mal.

Celo es lo que Dios siente cuando ve que se ha interrumpido shalom en su vida de alguna manera. Si Él ve que una relación se ha roto, un sueño se ha destrozado, o a un hija o un hijo pródigo lejos de casa. Si Él ve que usted está sufriendo por alguna injusticia, sufriendo por alguna mala elección, o pasando noche tras noche sin dormir a causa de la ansiedad. Cuando Él ve algo menos que el bien que Él ha planeado para usted, Su celo se enciende y fervientemente se compromete a traerle paz. Aquí está parte del punto que estoy intentando plantear al comienzo de nuestra travesía juntos: Este deseo de enderezar las cosas en nuestras vidas no depende primero de cuánto usted lo quiere, depende primero de cuánto Dios lo quiere para usted.

¿Se acuerda de la historia acerca del domingo de Ramos cuando Jesús fue recibido por una multitud que celebraba Su entrada a Jerusalén con oraciones y alabanzas exuberantes? Sin embargo, en medio de toda esa energía positiva, Jesús comenzó a llorar. ¡Lloró! «Cuando se acercaba a Jerusalén, Jesús vio la ciudad y lloró por ella. Dijo:—¡Cómo quisiera que hoy supieras lo que te puede traer paz! Pero eso ahora está oculto a tus ojos». Cuando las personas y los lugares que Él ama tanto no tienen shalom, la pasión se apodera de Él.

Esto se demuestra más en el evangelio de Lucas cuando lo siguiente que se nos dice es que Jesús entró en el Templo y volcó violentamente las mesas de los cambistas y de los que vendían sacrificios indebidamente. Según la narrativa de Juan, Él intencionalmente hizo un látigo de cuerdas, y echó a toda esta gente fuera del templo, desparramando dinero, animales y gente por todas partes. Sus discípulos consternados trataron de encontrar palabras para explicar Su demostración de ira candente. Luego alguien recordó un salmo que predijo que Jesús declararía: «El celo por tu casa me consume» o «Mi fuerte amor por tu Templo me controla completamente».

Así actúa Dios cuando las cosas no son como debieran. Él no se queda sentado pasivamente a una distancia, sin sentir, sin conmoverse, inactivo, mudo. Se envuelve en celo. Alarga la mano hasta abajo. Trae salvación. Esparce paz. Esto es cierto a un nivel cósmico. Esto es cierto para usted. El Príncipe de paz trajo el Reino de Dios, y cuando usted confía en Él y nutre su relación con Él, Su shalom invade más y más cada parte de su vida. Dios intrincadamente orquesta cada faceta de su existencia en alineación armoniosa con Sus intenciones benévolas, y allana el camino para que usted crezca en la plenitud y el bienestar integral, la productividad próspera y el cumplimiento gozoso de su propósito.

Lo primero que tenemos que hacer es creer. La fe nos conecta con las buenas intenciones de Dios. ¿Cree que Jesús vino para cumplir el celoso deseo de Dios de hacer que usted esté bien con Él y hacer que las cosas estén bien en su vida? ¿Cree que Él quiere traerle paz, y que de hecho lo hará? Entonces aquí tiene buenas nuevas: «Ya que hemos sido justificados mediante la fe, tenemos paz con Dios por medio de nuestro Señor Jesucristo. También por medio de él, y mediante la fe, tenemos acceso a esta gracia en la cual nos mantenemos firmes. Así que nos regocijamos».

La fe en Jesús es donde empieza shalom. Y shalom es el sueño de Dios para usted.

Pregunta de reflexión

¿Cree que Jesús vivió, murió, resucitó de entre los muertos, y ascendió al cielo para reinar ahora y para siempre, para traerle la paz con Dios? Confiese su fe ahora.

Dos

Lluvias De Bendición

Hay una escena divertida y reveladora en la película *El show de Truman* donde Truman, interpretado por Jim Carrey, confirma sus sospechas crecientes de que todo lo que sucede en su vida y su entorno inmediato está siendo orquestado por fuerzas invisibles. Los productores de este mundo falso intentan causar que llueva, pero solo sobre Truman. Rápidamente se da cuenta de que los aguaceros que están cayendo y siguiéndolo dondequiera que va solo están cayendo sobre él. Y echa un grito de guerra celebratorio ante su descubrimiento.

Esta escena me hace recordar estas palabras de Ezequiel el profeta: «Estableceré con ellos un pacto de paz: haré desaparecer del país a las bestias feroces, para que mis ovejas puedan vivir en el desierto y dormir en los bosques con seguridad. Haré de ellos y los alrededores de mi colina una fuente de bendición. Haré caer lluvias de bendición en el tiempo oportuno».

Es aproximadamente 586 a.C y Ezequiel, quien ya está en exilio, se ha enterado de que Jerusalén ha caído en manos de los babilonios y de que todo el pueblo de Dios será exiliado. Serán enviados al desierto metafórico de Babilonia, separados de los sueños de Dios para ellos debido a sus propias malas elecciones. Ezequiel les dice, sin embargo, que esta será una desubicación temporal, y que mientras estén en exilio, Dios hará un pacto de paz con ellos. Van a quedar saturados de bendiciones aun en Babilonia. La promesa de esta profecía no se cumplirá en su totalidad hasta que sean devueltos a Jerusalén, pero este pasaje intima que el pueblo de Dios experimentará lluvias de bendición sobre ellos aun en el desierto del exilio. Lluvias de bendición van a encontrarlos y se derramarán sobre ellos dondequiera que estén.

Todos estamos en el exilio. El Edén es lo que Dios soñó para nosotros, pero las elecciones de nuestros primeros padres forzaron un destierro al desierto. A Dios gracias, sin embargo, por medio de nuestra fe en Jesús, tenemos paz con Dios —un pacto eterno de paz— y parte de este pacto es una expectativa de que experimentaremos shalom aun cuando vivamos fuera del Edén. Debemos esperar lluvias de bendición dondequiera que estemos, aun en el desierto salvaje de este mundo actual.

Frecuentemente regreso al Edén en mis pensamientos, enseñanzas y escritos, porque Edén modela la intención de Dios. Todo debía ser siempre totalmente bueno en todo momento. Luego vino la decisión de la humanidad de tener conocimiento del mal así como del bien. Nunca se olvide, sin embargo, que finalmente Dios tendrá lo que Él quiso en el comienzo. La historia tal y como la conocemos termina con el lanzamiento de la era venidera en un

Edén restaurado en un nuevo cielo y una nueva tierra. Pero entre el Edén pasado y el Edén futuro, hay mucho desierto. Recuerda esto sin embargo, y es increíblemente importante: Todo en la historia está gravitando al Edén pasado y futuro. Nuestro mundo será como el Edén otra vez. Esto tiene que informar cómo pensamos acerca de nuestras vidas ahora, aun nuestras vidas en este desierto tanto bueno como malo.

Otra revelación que se le dio al pueblo de Dios en el exilio babilónico fue: «Sin duda, el Señor consolará a Sión; consolará todas sus ruinas. Convertirá en un Edén su desierto; en huerto del Señor sus tierras secas. En ella encontrarán alegría y regocijo, acción de gracias y música de salmos». ¿Qué? ¿Se convertirán tierras secas, desiertos y ruinas en huerto del Señor? ¿Encontrarán alegría y regocijo allí? ¡Sí! Para los que viven bajo el pacto de paz del Señor, todo continuamente se está convirtiendo más en Edén. Independientemente de sus circunstancias, yo le prometo que hay un campo de fuerza de Dios, infinitamente más potente que la gravedad, que está atrayendo inexorablemente su vida hacia el Edén. Usted debe ver los efectos de esto en su vida ahora. ¿Por qué no se sienta al borde de su asiento con la expectativa llena de fe de la constante escalada del bien en su vida?

Durante una serie de sermones basados en mi libro *The Lord Bless You*, pedí a las personas de la iglesia a la que sirvo que confesaran sus expectativas de bendición al tomar una tarjeta con un encabezado que decía «Edén» en un lado y «desierto» en el otro y escribir algo por lo que oraban para que sus vidas se parecieran menos al desierto en el lado del desierto y más al Edén en el lado del Edén. Luego llevaron esas tarjetas a una cruz gigante en la plataforma donde dos de nuestros pastores pegaron el lado del desierto a la cruz con el lado del Edén mirando hacia fuera como una oración y una confesión de fe. Una persona escribió «hogar quebrantado» del lado del desierto y «hogar sano» en el lado del Edén. Otra persona escribió «cáncer» de un lado y «sanidad total» del otro. Otra escribió «luchando financieramente» y luego «libertad financiera». Otra escribió «la pérdida de fe de mi hija» y luego «mi hija reconoce a Jesús como el Señor de su vida». ¿A qué se parecería «menos desierto» y «más Edén» para usted? ¿Qué parecido tendrían lluvias de bendición, aun en el desierto, para usted? ¿Qué parecido tendría una expansión de shalom, aun en el exilio, para usted?

Exploremos las ideas clave en nuestra definición de shalom por algunos momentos y consideremos sus raíces edénicas. *La paz que el Señor da es el armonioso trabajo conjunto de cada parte de nuestras vidas en alineación con las buenas intenciones de Dios, trayendo bienestar holístico, florecimiento productivo y realización feliz.*

Bienestar holístico describe la salud que Adán y Eva disfrutaban en cada dimensión de sus vidas. Espiritualmente, estaban en íntima comunión con Dios y sus almas eran sanas. Relacionalmente, estaban dentro de un pacto amoroso, totalmente transparentes y los dos eran uno. Psicológicamente, vivían sin vergüenza, y la vergüenza, como usted sin duda sabe, es la raíz de mucho malestar mental. No estaban ansiosos, deprimidos, enojados o temeroso. Físicamente, estaban en fe perfecta y vivían en armonía con su entorno. Vocacionalmente, hacían el trabajo para el cual eran llamados. Aparentemente, ni siquiera sudaban mientras lo realizaban. Materialmente, disfrutaban de abundantes recursos.

Florecimiento productivo significa que no solo experimentaban bienestar sino que también eran productivos. Todo en su esfera de influencia era próspero y productivo. Tenían la tarea de reproducir y extender la imagen de Dios y las maravillas del Edén al resto del planeta, y sobran las razones para creer que ese proyecto se estaba llevando a cabo exitosamente mientras aún vivían bajo la plena bendición de Dios. Y ellos estaban felizmente realizados. Conocían el contentamiento profundo y satisfaciente que solo viene cuando una persona es quien fue hecha a ser, haciendo lo que fue hecha para hacer. Si no fuera por ese solo árbol.

Porque usted tiene paz con Dios, debe esperar que su vida refleje incrementalmente estas bendiciones de shalom más y más. Bienestar total. Productividad floreciente. La gozosa realización de su propósito. Esta es vida alineada con las buenas intenciones de Dios. Esto es lo que Dios desea para usted. Y quiere que viva bajo Su pacto de shalom aun en el desierto. Quiere derramar lluvias de bendición sobre su vida hoy.

Visualice esto: Cuando usted se va de su casa para ir al trabajo o para llevar a los hijos a la escuela o dirigirse al gimnasio, un gran reflector con lluvia le está siguiendo dondequiera que va, y bendiciones están cayendo sobre usted. Cuando usted entra a una reunión, lluvias de bendición caen sobre usted. Mientras enseña una clase, lluvias de bendición caen sobre usted. Cuando entra por la puerta, lluvias de bendición caen sobre usted. Usted está saturado en bendiciones, empapado en shalom. Dios mismo hizo un pacto de bendición con usted, y habrá lluvias de bendición dondequiera esté. Inclusive en el desierto.

Pregunta de reflexión

¿Se puede imaginar lluvias de bendición siguiéndole a donde quiera que vaya hoy?

tres

Mundo Maravilloso

Este mundo es un lugar hermoso. Este mundo es un lugar feo. ¡La vida es maravillosa! La vida es brutal. Puede que suene confundido, pero de verdad no lo estoy, al menos no en cuanto a esto. Hemos sido exiliados del Edén y forzados a entrar al desierto, pero el mundo que Dios creó fuera del Huerto, aunque salvaje, no cultivado, y menos que aquello para lo cual fuimos creados, sigue siendo maravilloso en muchas maneras. Hasta que no lo es. Y cuando no lo es, es porque cuando nuestros antepasados pidieron conocer el bien y el mal, recibimos lo que ellos pidieron, y lo que cada uno de nosotros hemos pedido a nuestra propia manera. El bien y el mal coexisten en este mundo actual, y esta dualidad tiene un impacto sobre nosotros cada día. Por eso podemos sentirnos conmovidos y felices viendo a Jimmy Stewart en el papel de George Bailey en la película «Qué bello es vivir» y asentir con nuestras cabezas sombríamente al escuchar las palabras de apertura de M. Scott Peck en su clásico sicológico, *El camino menos transitado*. Dijo sucintamente: «La vida es difícil». Incluso George Bailey tuvo que combatir la injusticia sistémica y resolver la dificultad existencial para llegar a la parte de «qué bello es vivir» de su historia.

Un peculiar incidente que perturbó la paz sucedió en nuestro hogar la semana en que felizmente recibí el contrato editorial para escribir este libro y comencé a escribir acerca de las posibilidades de shalom que pueden permear cada faceta de nuestra existencia. Descubrimos copiosas cantidades de líquido, de procedencia desconocida, brotando desde las orillas de un tapón sellado de una tubería de PVC que sobresalía del techo inacabado de nuestro sótano. Pedimos a un amigo que conoce un poco de estas cosas que echara un vistazo y nos aconsejara a qué profesional llamar.

Mientras investigaba, torció otro tapón que salía de la pared del sótano y que estaba unido al extremo de una tubería que corría por la pared y debajo de la superficie. La fuerza acumulada de una sustancia similar era tan potente que el tapón salió disparado y aterrizó en la bomba de sumidero que había cerca. Cuando nuestro amigo se agachó y metió la mano en la zona próxima a la bomba para recuperar el tapón, un líquido de olor intenso y color desconcertante brotó de la pared y le cubrió la cabeza y el cuerpo.

Identificó accidentalmente lo que ahora sabemos que era este líquido. Gritó la palabra «santa» seguida de una palabra profana que no forma parte de mi uso normal de palabras y que, por aquello de que soy pastor, la gente rara vez dice en mi presencia, al menos no en voz alta. No obstante, era una descripción acertada de la sustancia que derramaba de la pared, salvo por la parte de «santa». No había nada santo acerca de esto. En ese momento, solo pude reírme e intentar ayudar a mi pobre y maloliente amigo. Más tarde, cuando me dijeron cuánto costaba reparar la tubería de alcantarillado que había bajo nuestro césped, me entraron ganas de llorar. Estaba dañada junto a las raíces del que había sido uno de mis árboles favoritos. Con razón había crecido tanto; su abono estaba ahora por todo nuestro sótano.

Así que me pasé una semana de aquí para allá, escribiendo sobre la paz, limpiando aguas negras, explicando lo que es shalom y empleando impecables metodologías de saneamiento de sótanos. Sabemos que la siguiente afirmación obvia es demasiado cierta: las aguas negras ocurren. Cada uno de nosotros nos enfrentamos a este tipo de tuberías rotas en una realidad mundial rota de maneras grandes y pequeñas, serias y tontas, día tras día. Y misteriosamente, a menudo experimentamos lo maravilloso y lo difícil al mismo tiempo. Aguas negras e indicios de shalom. No es raro que me sienta como un personaje atrapado en una novela de Dickens: «Era el mejor de los tiempos, era el peor de los tiempos».

Jesús aborda esta compleja interacción en una parábola iluminadora en la que dijo: «El reino de los cielos es como un hombre que sembró buena semilla en su campo. Pero mientras todos dormían, llegó su enemigo y sembró mala hierba entre el trigo y se fue». Él luego explica que Dios ha permitido que el bien y el mal crezcan juntos hasta el fin de esta edad, y que entonces juzgará al mundo y destruirá el mal para que solo permanezca el bien. Lo que está implícito en esta enseñanza es que Él permite que permanezca el mal porque finalmente conviene al bien, porque la eliminación prematura del mal dañaría al bien. Es desafiante captar esto.

Muchas personas sinceras preguntan: «Si hay un Dios y si Dios es bueno, ¿por qué permite que exista el mal? ¿Por qué hay luchas y enfermedad, pobreza y dolor, odio y gente odiosa?» La verdad es que no sabemos con plena seguridad. Dios es Dios y no podemos comprender totalmente Sus razones. Todo lo que conocemos acerca de Él, sin embargo, nos informa que Él es bueno y que está obrando todo a lo largo de la historia, y en cada una de nuestras vidas, para bien.

Existen algunas perspectivas comunes, sin embargo, en cuanto a por qué un Dios bueno pueda permitir que crezcan juntos el bien y el mal. Una es que esto nos permite ejercer nuestro libre albedrío. Tenemos la oportunidad de elegir diferente ante la misma decisión que enfrentaron Adán y Eva. Dios quiere que intencionalmente lo elijamos a Él y la vida que Él quiere para nosotros. Si no existiera el mal yuxtapuesto al bien, nuestra capacidad de elegir quedaría anulada.

Otra perspectiva es que solo podemos desarrollarnos totalmente en las personas que Dios quiere que seamos cuando enfrentamos los desafíos que el mal presenta. Nuestro carácter tiene que ser probado y refinado. El apóstol Santiago nos alentó: «Cuando tengan que enfrentar cualquier tipo de problemas, considérenlo como un tiempo para alegrarse mucho... Siempre que se pone a prueba la fe, la constancia tiene una oportunidad para desarrollarse».

Sin embargo, conozca esto: Dios es infinitamente más poderoso que el mal. El bien tiene su origen en Dios y preexiste al mal, y existirá mucho después de que el mal haya desaparecido.

Independientemente de lo malo que el mal parezca ser, el bien vencerá. Mientras contaba y explicaba la parábola acerca del bien y el mal creciendo juntos, Jesús se interrumpió para compartir otras dos parábolas para asegurarse de que captáramos el cuadro completo. Dijo que la buena semilla de Su Reino es como una semilla de mostaza, que aunque es muy pequeña cuando se planta, milagrosamente llega a ser un árbol, la más grande de las plantas del huerto. Y la buena semilla es tan potente que, como la levadura, solo una pequeña cantidad produce una abundancia de pan fresco. Parece que está diciendo: *Sí, el bien y el mal crecen juntos, pero el bien es tan bueno y tan poderoso que si usted simplemente permite que crezca, arrasará con el mal, por muy real que sea el mal.*

La profecía de Jeremías al pueblo de Dios en el exilio resuena aquí. Él reconoce que las cosas se ven muy mal, que la vida es difícil ahora. Aun así, Dios dice: «Sin embargo, los sanaré y haré que disfruten de abundante paz y seguridad. . . .temerán y temblarán por todo el bienestar y toda la paz que yo ofrezco».

¿Me permite que le profetice? Puede que las cosas estén difíciles ahora, pero si usted persevera, se avecina una abundancia de paz. Puede que se estremezca ante alguna circunstancia dolorosa actual, pero llegará el día en que se asombrará y temblará ante su abundante prosperidad. El pecado y el desorden que conlleva pueden estar estallando a su alrededor, tal vez incluso dentro de usted, pero solo espere; la gracia abundará más. El bien y el mal pueden estar creciendo juntos, pero el bien está creciendo más.

Cualquier realidad oscura a la que se esté enfrentando debe ser reconocida, pero solo a la luz del panorama mayor. El bien siempre gana. Este es un mundo hermoso. Y la vida es realmente maravillosa.

Pregunta de reflexión

¿Puede mirar a las circunstancias difíciles en su vida hoy y confesar su fe de que Dios es bueno y que de alguna manera obrará todo para su bien? Porque lo es, y lo hará.

cuatro

El Beso

Una maravillosa imagen de palabras en el salmo ochenta y cinco pinta la relación simbiótica entre la justicia y la paz con tintes románticos. Dios «promete paz a su pueblo», les advierte que «no se vuelvan a la necedad», y luego les informa que «se besarán la justicia y la paz». La paz tiene que estar en íntima relación con la justicia para que las cosas sean de esa manera.

Para celebrar nuestro cuadragésimo aniversario, Sharon y yo nos embarcamos en un gran crucero europeo. Sharon y yo nos embarcamos en un gran crucero europeo. Un día, durante un recorrido a pie por la antigua Valencia, España, estábamos con un grupo de turistas alrededor de una placa gigante grabada en los adoquines de una plaza en honor a los soldados romanos para quienes se fundó Valencia. De repente, un caballero de edad avanzada, estadounidense, cruzó el monumento sin prestar atención e interrumpió bruscamente a nuestro guía español en medio de una explicación. Explicó con urgencia que se había separado de su grupo de excursión y de su esposa. No parecía importarle mucho encontrar a su grupo, pero estaba claro que sí le importaba mucho encontrar a su esposa.

Nuestro guía no fue de mucha ayuda, y durante la siguiente media hora aproximadamente este hombre siguió caminando y pasándonos por delante, con el rostro nublado por una tristeza palpable. Estaba perdido en una ciudad extranjera y alejado de su esposa. Hubo murmullos de preocupación entre las personas de nuestro grupo. Muchos de nosotros éramos parejas que llevábamos muchos años de casados. Comprendíamos la angustia de estar separado de una compañera fiel con la que habías caminado durante mucho tiempo.

Por fin, nuestro guía llamó por teléfono al líder del grupo de este hombre y quedaron de acuerdo en que acompañaríamos a este caballero hasta un lugar donde nuestros dos grupos pudieran reunirse. Nuestro guía intentó, en un inglés entrecortado, explicar esta noticia a este caballero aturdido. En algún momento, intervine y le dije: «Si se queda con nosotros, lo llevaremos hasta donde está su esposa». Su semblante se inundó de alivio.

Minutos después, encontramos a su grupo esperando en una plaza pequeña e idílicamente romántica. Mientras ambos grupos observábamos, él caminó rápidamente —casi corrió, de hecho— hacia su esposa. Al principio, ella expresó su enojo con él, molesta porque se había perdido. Pero en cuanto él se apresuró a explicarle, ella abandonó su enojo y lo rodeó con sus brazos y se abrazaron y besaron. Todos en la plaza estallamos en aplausos, y no pocos nos enjugamos las lágrimas. Esta pareja estaba destinada a estar junta, y cuando se separaron, nada era como debía ser.

En el mundo de Dios, algunas personas y algunas cosas simplemente están destinadas a estar juntas. No funcionan correctamente por sí solas. La justicia y la paz son una pareja así. Una traducción del Salmo 85 nos dice que «la justicia y la paz se abrazarán».

El encanto de shalom con su polifacética positividad es tan cautivador que, si no tenemos cuidado, puede que no apreciemos totalmente su relación esencial con la justicia. Si perdemos la justicia, quedamos separados de la paz. Barry Jones escribe: «Los matices contenidos en esta única palabra hebrea [shalom] requieren un cúmulo de palabras en [español] para representarla adecuadamente: plenitud, armonía, florecimiento, deleite, realización». Pero luego añade: «Está estrechamente asociada a términos correspondientes como justicia y rectitud».

El tema del ministerio de Jesús era que Él trajo el Reino de Dios del cielo a la tierra. Hizo posible que nosotros experimentáramos esta nueva realidad a través de Su vida, muerte, resurrección y exaltación. Cuando creemos esto, nacemos de nuevo y entramos en Su Reino, y Su Reino entra en nosotros.

Sin embargo, para hacer realidad todas las posibilidades shalómicas de esta nueva dimensión de la vida, tenemos que aprender a vivir alineados con este Reino. Jesús nos enseñó a orar: «Venga tu reino, hágase tu voluntad en la tierra como en el cielo». El Reino vino a la tierra a través de Jesús, pero sigue viniendo —para aumentar su poder e influencia— en nosotros y a través de nosotros. Esto no solo se trata de hacer una oración; se trata de alinear nuestras vidas con la Palabra y la voluntad de Dios. Jesús les dijo a Sus discípulos: «A ustedes se les ha dado revelación acerca del Reino de Dios. Saben cómo funciona». Nosotros también tenemos entendimiento en cuanto al Reino, y podemos saber cómo funciona a través de las enseñanzas de la Palabra de Dios y la dirección del Espíritu Santo que vive en nosotros.

Cuando nos alineamos con el Reino de Dios, Su gobierno aumenta. Como hemos aprendido de Isaías, cuando Su gobierno aumenta, Su paz aumenta. Más gobierno, mayor paz. Parte de vivir bajo Su gobierno, sin embargo, es aprender Sus reglas y aprender a vivir según Sus reglas. Esto es vivir en justicia. La justicia y la paz tienen que caminar juntos.

Algunas personas parecen querer los beneficios del Reino, mas están incómodos con la idea de que tienen que obedecer al Rey. Tim Keller afirma que «la vida humana solo funciona correctamente cuando se conduce de acuerdo con el «manual del propietario», los mandamientos de Dios. Si desobedece los mandamientos... en realidad está actuando en contra de su propia naturaleza tal y como Dios la diseñó». Dios nos da reglas para la vida para que podamos vivir alineados con Sus buenas intenciones. Esto es lo que Él dice: «Yo soy el Señor tu Dios, que te enseña lo que te conviene, que te guía por el camino en que debes andar. Si hubieras prestado atención a mis mandamientos, tu paz habría sido como un río; tu justicia, como las olas del mar». O, como dice más tajantemente más adelante en este pasaje: «No hay paz para los malvados».

No debemos limitarnos a esperar que el shalom aumente en nuestros hogares. También debemos preguntarnos: «¿Qué necesito hacer para conducirme en mi hogar de una manera que esté de acuerdo con lo que la Palabra de Dios me enseña acerca de cómo amar a mi cónyuge y criar a mis hijos?». No debemos limitarnos a esperar que el shalom aumente en nuestros negocios. También debemos asegurarnos de que estamos conduciendo los negocios de forma ética y tratando a nuestros empleados y clientes con generosidad. No debemos limitarnos a esperar que el shalom aumente en nuestra vida financiera. Debemos seguir también las enseñanzas de las Escrituras acerca de cómo administrar nuestras finanzas, incluyendo vivir dentro de nuestras posibilidades y poner a Dios en primer lugar. Si esperamos la paz, debemos tener hambre de justicia.

Cuando creemos en Jesús y confesamos nuestra fe en Él, somos declarados justos delante de Dios y tenemos paz con Dios. Pero esto es solo el comienzo de una vida de posibilidades ilimitadas. Tenemos ahora que ofrecernos a Dios como «instrumentos de justicia». Podemos, por la gracia de Dios y empoderados por el Espíritu Santo, crecer para vivir de manera más justa. Al hacerlo, veremos a shalom aumentar en cada faceta de nuestras vidas. Ninguno de nosotros hará lo que es correcto siempre y perfectamente, por supuesto. Pero tenemos que creer que podemos hacer cada vez más lo correcto o justo. Después de todo, «El justo vivirá por la fe».

Cuando la justicia y la paz se besan, suceden cosas asombrosas. Isaías prometió: «El producto de la justicia será la paz; tranquilidad y seguridad perpetuas serán su fruto. Mi pueblo habitará en un lugar de paz, en moradas seguras, en serenos lugares de reposo ... dichosos ustedes». Pablo nos aseguró que: «El reino de Dios es ... justicia, paz y alegría en el Espíritu Santo». Asegurémonos de que la justicia y la paz se encuentren, para que todo pueda ser de la forma que debe ser».

Pregunta de reflexión

¿Tiene áreas en su vida que no están alineadas con las enseñanzas de la Palabra de Dios? Ore para que la gracia traiga un cambio justo.

cinco

Pensamientos Más Altos—Caminos Más Altos

Una visión cautivadora de una vida floreciente se transmite de forma memorable en el primer salmo. Las personas que enfocan felizmente sus pensamientos en la Palabra de Dios son como «árboles que siempre dan fruto en su tiempo y sus hojas no se marchitan». Esas personas logran todo lo que hacen o «prosperan en todo lo que hacen». ¿Tiene usted ese tipo de visión para su vida? Creo que estas palabras reflejan los pensamientos de Dios acerca de usted. Él lo ve prosperar en todo lo que es y hace. Walter Brueggemann explica: «El shalom en su aspecto más crítico puede funcionar como una teología de la esperanza, una visión promisoria a gran escala de lo que un día seguramente será». Esto no solo es cierto en lo que se refiere a nuestro futuro eterno, sino también a nuestro futuro en el aquí y pronto.

Somos invitados a armonizar nuestros pensamientos con los pensamientos de Dios. Hay una famosa profecía donde Dios declara a Su pueblo «Mis caminos son más altos que sus caminos, y Mis pensamientos más que sus pensamientos». Y luego les asegura que como las lluvias riegan la tierra , «haciéndola producir y germinar», Su Palabra —la expresión de Sus pensamientos— realizará lo que Él desea, logrando el propósito para el cual la envió. El pueblo de Dios «con paz serán conducidos».

Yo antes escuchaba que los pensamientos de Dios eran más altos que mis pensamientos y pensaba, *Dios de verdad es inteligente, y yo soy muy tonto*. Aunque bien eso puede ser cierto, cuando menos parte de la idea aquí es que los pensamientos de Dios acerca de mí y de mi futuro son más altos que mis pensamientos acerca de mí y de mi futuro. Esta profecía fue dada a personas que estaban desanimadas acerca de su presente y estaban batallando para creer que podían ser conducidos a un futuro de shalom.

Tengo un amigo, lo llamaremos Jon, que fue pionero de una iglesia en una ciudad muy importante en la costa hace muchos años. Cuando tenían poco tiempo de haber comenzado la iglesia, él y su esposa, «Rebeca», tenían muy pocos recursos, al igual que la iglesia que estaban tratando de hacer crecer. Un mentor sagaz le aconsejó a Jon a tener el hábito de apartar una pequeña cantidad de dinero para disfrutar de un desayuno con su esposa cada cuantas semanas en un lugar bello adonde las personas exitosas acostumbraban a acudir. Le dijo que sería bueno para él físicamente dejar su contexto pequeño y empobrecido y pasar tiempo en un mundo más grande con personas que pensaban pensamientos grandes y hacían cosas grandes. Jon encontró un hotel de cinco estrellas en un peñasco con vistas al océano, con exuberantes jardines e impresionantes obras de arte en las paredes, y un lujoso restaurante. Él y Rebeca se comprometieron a desayunar allí cada cuantas semanas. Querían pasar tiempo en un lugar y con personas con pensamientos y niveles de logro más altos. El mentor de Jon también los desafió a comportarse como si pertenecieran allí y a ser extremadamente amables y generosos con el personal que les servía.

En aquellos primeros días, Jon poseía un automóvil muy viejo. Le daba vergüenza conducirlo hasta la propiedad y dejárselo al valet. Así que manejaban desde el barrio poco ideal en el que vivían hasta un barrio espléndido cerca del hotel, estacionaban el automóvil en la calle y caminaban hasta el restaurante para desayunar. A veces solo tenían dinero suficiente para compartir unos panecillos y una olla de té. Pero permanecían allí sentados por el tiempo que era socialmente aceptable y disfrutaban del arte, de las vistas del océano y el uno del otro, y observaban cómo se desenvolvían las personas que frecuentaban lugares como este en un entorno elevado. Con el paso del tiempo llegaron a tener más recursos y un automóvil mejor, así que manejaban hasta la propiedad, dejaban el automóvil, charlaban con el valet y siempre lo bendecían con una generosa propina.

Un sábado por la noche, el líder de un ministerio de renombre e impacto mundial y su esposa se hospedaron en este hotel. El domingo por la mañana, le pidieron al valet direcciones para llegar a una famosa megaiglesia. El valet les dijo: «No estoy seguro de dónde está esa iglesia, pero conozco al pastor Jon y puedo decirles cómo llegar a su iglesia. Y el pastor Jon es una persona fantástica». Unos minutos más tarde, este líder y su esposa entraron en la ahora próspera iglesia a la que Jon servía, conocieron a Jon y lo escucharon predicar. Así comenzó una asociación ministerial que catapultó a Jon a un nivel de influencia y realización más allá de lo que había soñado. Esa influencia ha llevado el Evangelio a millones de personas multiplicadas.

Esto, y muchas otras cosas buenas, ocurrieron porque Jon habitualmente dejaba sus pequeñas y empobrecidas costumbres y entraba en un mundo que parecía estar fuera de su alcance. Si no hubiera manejado su viejo automóvil desde su pequeña realidad en la que luchaba por salir adelante y hubiera entrado en ese mundo más expansivo y vivido a lo grande y generosamente en él, muchas cosas consecuentes nunca habrían sucedido.

La analogía espiritual es, espero, evidente. Tenemos que dejar habitualmente nuestros pensamientos y caminos bajos y entrar en los pensamientos y caminos más elevados de Dios. No estoy hablando ahora de hoteles y prosperidad física, aunque puede que haya algo que aprender al respecto. Estoy hablando de estar en un lugar de su vida en el cual es difícil imaginarse lograr éxito en todo lo que hace, donde no tiene una visión de prosperidad, y donde decide dejar sus pensamientos bajos y entrar en los pensamientos altos de Dios. Él tiene pensamientos más altos que usted acerca de usted y de su futuro, y tiene maneras más elevadas de llevar a cabo esos pensamientos.

El teólogo Alec Motyer escribió: «Camino y pensamientos se refieren al estilo de vida y a la filosofía de vida que hay detrás, a los pensamientos que se entretienen en la mente y se formulan en planes». La filosofía de vida de Dios está entrelazada con la noción de shalom. Esto es lo que Él tiene en Su mente para usted. Tenemos que conectar nuestros pensamientos y caminos con Sus pensamientos y caminos. Shalom comienza en nuestras mentes y se abre camino en cada dimensión de nuestras vidas. Tenemos que pensar cada vez más alto.

Las disciplinas espirituales son medios de gracia que nos permiten entrar en los pensamientos más altos de Dios. Cuando oramos de acuerdo con la Palabra de Dios, y escuchamos al mismo tiempo, el Espíritu Santo nos da acceso a los pensamientos de Dios y entendimiento de Sus caminos, y nos dirige sobre cómo actuar en consecuencia. Cuando interactuamos con las Escrituras, interactuamos con la mente de Dios. Esto debe inspirarnos a leer habitualmente la Biblia, a escuchar a maestros dotados enseñarla y a sentarnos con amigos en un grupo pequeño y dialogar sobre cómo lo que Dios piensa tiene impacto en nuestras vidas.

La meditación también es una disciplina espiritual importante. En el primer salmo, se nos dice que la persona que prospera en todo lo que hace se deleita en la ley de Dios y medita en ella día y noche. Cuando meditamos, debemos enfocar nuestros pensamientos en Dios, Su mundo, Su Palabra y Su palabra para nosotros. La meditación nos abre a nuevas imágenes de lo que Dios prevé y de lo que dice que es posible para nosotros.

En las palabras de Pablo en la Primera Epístola a los Corintios, capítulo dos, está implícita la idea de que cuando cultivamos nuestra vida espiritual, el Espíritu Santo nos ayudará a conocer las cosas asombrosas que Dios tiene en mente para nosotros. Pablo celebra las cosas gloriosas que Dios ha destinado para nosotros y luego escribe: «Ningún ojo ha visto, ningún oído ha escuchado, ningún corazón ha concebido lo que Dios ha preparado para quienes lo aman. Ahora bien, Dios nos ha revelado esto por medio de su Espíritu, pues el Espíritu lo examina todo, hasta las profundidades de Dios... Tenemos la mente de Cristo».

Le prometo esto: Dios tiene pensamientos acerca de su vida que son más altos que cualquier cosa que usted se haya imaginado. Deje sus pensamientos y caminos bajos y descubra lo más y mejor que Él sueña para usted.

Pregunta de reflexión

¿Qué disciplinas espirituales se propone practicar habitualmente para aprender más acerca de los pensamientos y caminos más altos de Dios para usted?

seis

Sea Proléptico

Parte de lo que significa ser creado a imagen de Dios es que nosotros, los seres humanos, tenemos la increíble capacidad de ser prolépticos. Ser proléptico es describir un evento futuro como si ya hubiera ocurrido, como si tomara lugar antes de que pudiera haberlo hecho. Es tratar algo como si existiera aunque todavía no exista.

El segundo versículo del capítulo uno de Génesis es una prolepsis: «La tierra no tenía forma y estaba vacía, las tinieblas cubrían el abismo y el Espíritu de Dios se movía sobre la superficie de las aguas». Este pasaje describe una tierra como si estuviera allí, aunque en realidad no existía ningún allí, allí. Al menos no de la manera en que pensamos de la tierra en su esplendor actual. Lo que hubiera allí estaba oculto en la oscuridad, cubierto de profundos océanos primordiales. Era un desorden caótico, sin forma ni luz, «vacío de propósito, significado y función: un lugar que no tenía orden ni inteligibilidad». Cuando Dios se movió sobre este tumulto oscuro y desordenado y vio nuestra maravillosa tierra, vio lo que no se podía ver salvo en Su mente. Entonces lo llamó a la existencia. Y del caos y el vacío de lo que la tierra no era surgió el orden y el arte de lo que es la tierra.

Para traer shalom a un mundo desordenado, a vidas desordenadas y a circunstancias desordenadas, tenemos que ver paz donde todavía no hay paz. Tenemos que movernos sobre la discordia y lo feo y saber que se reorganizará en algo congruente y bello. Y luego tenemos que actuar para crear la realidad que todavía no existe salvo en nuestras mentes impregnadas por Dios. Tenemos que pensar de forma proléptica y actuar de forma asertiva para hacer realidad las realidades shalómicas.

Tenemos que aprender a aprovechar las capacidades que tenemos como personas hechas a la imagen de Dios. El teólogo Juan Walton escribe que «ser hechos a imagen de Dios nos confiere *dignidad*, nos confía *responsabilidad* e implanta en nosotros un cierto potencial, a saber, la *capacidad* de reflejar a nuestro Creador. Como cristianos, nuestra redención ha aumentado enormemente esta capacidad». Vivimos en un mundo disfuncional, y demasiados de los entornos donde amamos, trabajamos, adoramos y jugamos son menos de lo que podrían ser. Esto hace necesario que aceptemos la responsabilidad de aprovechar todo el potencial que Dios nos ha dado para traer armonía a la disonancia, plenitud a lo vacío, y sanidad al quebrantamiento. De la misma manera en que el orden y el atractivo de la tierra comenzaron en la mente de Dios, las cosas buenas que anhelamos pueden ser imaginadas y creadas.

Una de las formas concretas en que yo he pensado de forma proléptica y he creado una nueva realidad es cuando vi un artículo informativo acerca de una propiedad abandonada de ocho hectáreas próxima a una carretera de cuatro carriles solo a veintiún kilómetros de Times Square en la ciudad de Nueva York. Yo «sabía» que la iglesia donde sirvo llegaría a ser propietaria de esa tierra y construiría un Centro de Adoración y Misión allí. Aquella propiedad carecía de forma y estaba vacía, estaba cubierta de maleza y plagada de edificios abandonados y maquinaria industrial oxidada. Pero en alianza con el Espíritu de Dios, me «moví» sobre un complejo con elegantes jardines y una deslumbrante casa de adoración. Ese lugar era real, pero solo en mi mente inspirado por el Espíritu Santo.

A lo largo de diez largos años que transpiraron desde ese primer momento proléptico hasta que la propiedad se completara y ocupara, yo actuaba como si el proyecto ya se hubiera completado. Mis hijos adultos, quienes eran niños entonces, todavía platican de cómo yo manejaba lentamente junto a la propiedad incluso cuando parecía improbable que realmente la poseyéramos y preguntaba, «¿Qué es ese edificio hermoso allí? Vean el letrero. ¡Es un iglesia!». Durante todos los años desafiantes de su desarrollo, yo hablaba de cosas que físicamente no existían. «Vean ese semáforo... qué carretera más agradable... oh, allí está un estanque y una fuente y una cascada... los jardines son hermosos... ese edificio... me pregunto quién fue el arquitecto». Volvía locos a mis hijos en aquel momento, pero ahora lo aprecian.

No hay nada singular acerca de mí en esta historia. Cada uno de nosotros, creados a la maravillosa imagen de Dios, tiene el potencial dado por Él de imaginar en consonancia con los sueños de Dios para nosotros y Su mundo, y actuar para que esos sueños se hagan realidad. Cuando usamos estas capacidades inspiradas por Dios, le proporcionamos placer y gloria, y ayudamos a que se haga Su voluntad en la tierra como en el cielo.

La imaginación es algo asombroso. Richard Foster enseña: «Se entra más fácilmente en el mundo interior de la meditación a través de la puerta de la imaginación. Hoy en día no apreciamos su tremendo poder. La imaginación es más fuerte que el pensamiento conceptual y más fuerte que la voluntad». Cuando enfocamos nuestros pensamientos en Dios y Su palabra a nosotros, podemos ver lo que no se puede ver. Todavía. Recuerda, Dios vive tanto en el pasado y futuro como vive en el presente. Cuando nos imaginamos cosas buenas en nuestro futuro alineadas con Su voluntad, Él se encontrará con nosotros allí —en nuestro futuro imaginado— y nos mostrará como traer lo que nos imaginamos al mundo de lo real y vivido.

¿ Sobre qué presente vacío y sin forma necesita moverse en alianza con el Espíritu Santo? Le animo a alimentar su imaginación inspirada por Dios y a orar y meditar sobre realidades futuras que son excesivamente mejores que lo que está experimentando ahora. ¡Las posibilidades son infinitas! El apóstol Pablo celebraba esta capacidad: «Por el poder de Dios que obra en nosotros, él puede hacer mucho más de lo que jamás podríamos pedir o imaginar». Dios no solo contesta lo que pedimos sino que también contesta lo que nos imaginamos.

Entonces usted tiene que actuar para crear las potencialidades que ve. Dios no solo vio la tierra que no existía, creó lo que vio. Nos dio habilidades creativas asombrosas también. ¿Sabía usted que la primera vez que la Biblia dice que Dios llenó a alguien con Su Espíritu era para crear cosas hermosas? «Lo he llenado del Espíritu de Dios y le he dado gran sabiduría, capacidad y destreza en toda clase de artes manuales y oficios... ¡Es un maestro en todo trabajo artístico!». El Espíritu de Dios no solo nos ayudará a ver belleza que no se puede ver sino también a crear nuevas realidades bellas. Cada uno de nosotros tenemos capacidades tremendas dadas por Dios para visualizar shalom donde no existe shalom, y luego actuar para que ocurra.

Así que muévase, mi amigo. Muévase sobre cualquier cosa en su vida y esfera de influencia que no es como debiera ser e imagine paz en ese espacio. Vea la esperanza escondida en la oscuridad. Vea el vacío llenarse. Vea al orden ganar a la confusión. Vea la sanidad brotar del dolor. Vea el temor desplazado por la fe. Y luego tome acción para actualizar su prolepsis. A menudo he reflexionado sobre las inspiradoras y verdaderas palabras de Darrow Miller:

> La imagen de Dios estampada en nosotros nos permite ir más allá de la realidad física que vemos a diario. Podemos soñar con un mundo mejor y luego empezar a hacerlo realidad. Donde hay oscuridad podemos crear un foco, donde hay desierto perforar un pozo, donde las montañas son estériles plantar un bosque, donde las personas son olvidadas e ignoradas liberarlas a través del poder del evangelio, donde las personas son ignorantes construirles escuelas y bibliotecas, donde la tierra está desperdiciada plantar un

jardín, donde las personas están enfermas desarrollar una cura, donde hay silencio escuchar la música y tocarla.

Así que le animo ahora: Visualice un futuro inspirado por Dios que es mejor que la realidad actual y luego colabore con Dios para crearlo. Vea shalom donde no hay shalom salvo en la mente de Dios la suya. Sea proléptico.

Pregunta de reflexión

¿Sobre qué realidad futura aún no conocida pero preferida necesita moverse en colaboración con el Espíritu Santo?

siete

¿Por Qué Lloró Juan?

El Monumento G. F. Watts al Auto Sacrificio Heroico en el parque Postman de Londres me causó una impresión indeleble. Hay varias placas de cerámica de color sujetas a una pared y cada una conmemora a una persona que sacrificó su vida para salvar la de otra, a menudo un desconocido. Yo estaba parado allí, en compañía de mi familia, en un raro día soleado de Londres, con el viento sacudiendo las hojas de los árboles del sereno patio, sintiéndome muy vivo, y leyendo las historias de aquellos que murieron para que otra persona pudiera vivir. Un niño de ocho años salvó a su hermana menor «arrancándole su ropa envuelta en llamas, pero él se prendió fuego y murió». Un hombre de veintitrés años se ahogó «salvando la vida de un desconocido y extranjero». Una joven «con una conducta intrépida salvó a tres niños de una casa en llamas... a costo de su propia vida»».

Y luego hay una placa destacada, que conmemora el mayor acto de autosacrificio heroico de la historia de la humanidad. Cita las palabras del héroe: «Nadie tiene amor más grande que el que da la vida por sus amigos». Jesús, el epítome del amor sacrificial, murió para que pudiéramos vivir de verdad.

Para que nosotros pudiéramos experimentar el shalom, era necesario un autosacrificio heroico, el pago de una deuda. Bernhard Ott afirma que la comprensión hebrea de shalom incluía saldar deudas; no podía haber paz si alguien debía a otro. Así que a veces para restaurar el shalom era necesario pagar un «precio del shalom». Graham Cole escribe que «No hay shalom... sin sacrificio. La paz se hace a través de la sangre de la cruz. La vida expiatoria, la muerte y la vindicación del Hijo fiel traen el shalom». Sostiene que el problema que remedia la expiación es «la necesidad de paz». El apóstol Pablo reveló que a Dios le agradó, por medio de Jesús, «reconciliar todas las cosas consigo... habiendo hecho la paz por medio de la sangre de Su cruz». A través de su sacrificio, Jesús pagó el precio de shalom para que podamos tener vida en toda su plenitud, ahora y siempre.

Una escena épica en el libro del Apocalipsis ilustra vívidamente nuestra necesidad desesperada de que el sacrificio de Jesús nos traiga la vida tal como debe ser. Juan está de pie ante el trono de Dios y ve un rollo en Su mano con escritura en ambos lados que está sellado con siete sellos. Entonces un ángel poderoso grita una pregunta que resuena en todo el cosmos. «¿Quién es digno de romper los sellos y de abrir el rollo?». Y Juan dijo: : «Y yo lloraba mucho porque no se había encontrado a nadie que fuera digno de abrir el rollo ni de examinar su contenido».

¿Por qué lloró Juan estas lágrimas tan apasionadas y afligidas? Un rollo sellado de esta manera con frecuencia representaba un documento legal que detallaba algo que se había perdido pero que podía ser redimido. Algunos eruditos creen que este puede haber sido un testamento, específicamente el «testamento de Jesús». Lo que este rollo de seguro tenía escrito por ambos lados era todo lo bueno que Dios había destinado para las personas que Él había hecho: Su voluntad. Esto incluía todo lo que Dios quería pero que la humanidad había perdido. Y aunque la mayoría de los documentos como este solo tenían escrito el interior, es como si Dios se hubiera quedado sin espacio y hubiera dado la vuelta al rollo y continuado escribiendo, delineando meticulosamente la forma en que debían ser las cosas. No es de extrañar, por lo tanto, que cuando nadie pudo abrir este rollo, Juan llorara mucho.

Pero luego una voz habla, calmando la desesperación de Juan. «¡Deja de llorar que ya el León de la tribu de Judá... ha vencido! Él sí puede abrir el rollo y sus siete sellos». Y Juan miró y no vio a un león, sino en medio del trono... «el Cordero que estaba de pie y parecía haber sido sacrificado... Se acercó y recibió el rollo de la mano derecha del que estaba sentado en el trono». Y cuando el Cordero tomó el rollo, todo el cielo prorrumpió en un concierto de alabanza. «Digno eres de recibir el rollo escrito... porque fuiste sacrificado, y con tu sangre compraste para Dios gente de toda tribu, lengua, pueblo y nación... Digno es el Cordero, que ha sido sacrificado».

Hemos llegado a comprender las lágrimas de Juan, pero, ¿por qué tanta euforia ahora? Bien, imagínese cada cosa buena concebible que Dios podría querer para Su mundo... y para usted.

Imagine que esas cosas buenas están escritas en y sobre ese rollo. Sin embargo, a menos que alguien de valor infinito pueda pagar el precio de shalom, el rollo no puede ser abierto y todo ese bien no puede ser desvelado ni desencadenado. Y ahora Juan ve que Jesús es digno, que pagó el precio con Su sangre y que ahora puede tomar el rollo, abrirlo y hacer posible que usted y yo y toda la humanidad recibamos todo el bien que Dios ha querido.

Le animo a que piense en lo que puede haber en ese rollo para usted. ¿Qué cosa buena le falta en su vida? ¿Qué relación se necesita sanar? ¿Qué emoción negativa calmada? ¿Qué temor aplacado? ¿Qué avance victorioso logrado? ¿ Acerca de qué ha llorado que necesita resolver en paz? Sé que vivimos en un mundo que aún sufre las consecuencias de la Caída, que las cosas no serán del todo como deberían ser hasta la era venidera. Pero Jesús ya ha redimido lo que se había perdido y ha puesto a nuestra disposición cada vez más de lo que Dios desea para nosotros. La comunión con Dios. Vida sin vergüenza. Relaciones significativas. Trabajo gozoso. Recursos abundantes. Belleza. Gracias al sacrificio expiatorio de Jesús, podemos creer en una expansión de shalom en cada dimensión de nuestra vida, empezando hoy mismo.

También parece importante señalar que parte de lo que sucede cuando se rompen esos sellos en el Apocalipsis es que Dios comienza a ejecutar el juicio sobre Sus enemigos. La justicia es parte integral de la plena restauración del shalom. Pablo les dijo a los romanos: «El Dios de paz aplastará muy pronto a Satanás bajo los pies de ustedes». Nuestra paz se ve perturbada por el mal que invade nuestro mundo y el mal que se nos resiste. Encuentre solaz en la seguridad de que, por medio del triunfo de Jesús en la cruz, Dios ha derrotado al mal, destruirá el mal de una vez por todas y hará que todo esté bien. Usted puede saber que si está sufriendo alguna injusticia, si usted o las personas que ama han sido perjudicadas de alguna manera por actores o circunstancias injustas, Dios lo ve, y tarde o temprano hará justicia. Nuestra tarea es «no paguen a nadie mal por mal» sino «en cuanto dependa de ustedes, vivan en paz con todos». Confíe tranquilamente en Aquel que dijo: «Mía es la venganza; yo pagaré». Él se ocupará de cualquier cosa que se interponga en la manera de la paz que murió para darle.

Está bien llorar, incluso es bueno llorar, acerca de cosas que se necesitan lamentar. Sin embargo, en algún momento de nuestra historia, al igual que Juan, que miró y vio que Jesús era digno de abrir el rollo, nuestro llanto debe convertirse en regocijo. ¡Mire! ¡El León es el Cordero que ha triunfado! ¡Mire! Con Su heroico autosacrificio compró su paz. ¡Mire! Todo lo bueno que Él ha dispuesto para nosotros está en ese rollo, y el rollo se ha abierto.

Todos debemos unirnos al festival de alabanza del cielo: «El Cordero que fue inmolado es digno de recibir el poder, las riquezas, la sabiduría, la fortaleza, el honor, la gloria y la alabanza». Así son las cosas en el cielo, y esto nos da una idea de lo que podemos reflejar ahora en la tierra. Debido a quién es Jesús, y a lo que ha hecho, y a lo que quiere hacer por usted y por mí, debemos esperar más de Él y de Su paz en nuestras vidas cada día. Debemos declarar: «Él es digno de toda nuestra alabanza».

Pregunta de reflexión

¿Qué cosa buena puede imaginar que había en ese rollo para usted? Ofrezca hoy alabanza a Dios por el sacrificio de Jesús y por todo lo que Su sacrificio hace posible para usted.

NOTAS SECCIÓN 1

SHALOM: UNA INTRODUCCIÓN

Una palabra griega correspondiente usada frecuentemente en el Nuevo Testamento: Tremper Longman III and Mark L. Strauss, eds., *The Baker Expository Dictionary of Biblical Words* (Grand Rapids, MI: Baker Books, 2023), s.v. «eirēnē».

Shalom y sus variations: Jeremiah J. Johnston, *Unleashing Peace: Experiencing God's Shalom in Your Pursuit of Happiness* (Minneapolis: Bethany House, 2021), 32.

Shalom «es una visión que abarca toda realidad»: Walter Brueggemann, *Peace* (St. Louis, MO: Chalice Press, 2001), 15.

«Reúne todos los aspectos de plenitud»: Eugene H. Peterson, *A Long Obedience in the Same Direction: Discipleship in an Instant Society*, 2nd ed. (Downers Grove, IL: InterVarsity Press, 2000), 50.

«Cumplimiento... haber logrado todo lo que Dios planeó»: J. Alec Motyer, *The Prophecy of Isaías: An Introduction and Commentary* (Downers Grove, IL: InterVarsity Press, 1993), 103.

«La total realización del favor de Dios»: Motyer, *Prophecy of Isaías*, 103.

«Permanecer en shalom»: Graham A. Cole, *God the Peacemaker: How Atonement Brings Shalom* (Downers Grove, IL: InterVarsity Press, 2009), 22.

«Shalom . . . es como las cosas deben ser»: Cornelius Plantinga Jr., *Not the Way It's Supposed to Be: A Breviary of Sin* (Grand Rapids, MI: Wm. B. Eerdmans, 1995), 10.

«Tribulación» y «angustia» y «oscuridad»: Ver Isaías 8:22 NBLA

«Príncipe de paz» y "no tendrá fin»: Isaías 9:6–7 NBLA

«El Príncipe de plenitud»: Isaías 9:6–7 MSG (TRAD. DEL INGLÉS)

«El Señor te bendiga y te guarde»: Números 6:24–26

CAPÍTULO 1: DIOS CELOSO

Artículo acerca de dos delfines: Associated Press, «World's Tallest Man Saves China Dolphins», *Washington Post*, 1 de diciembre 4, 2006.

««La mano del Señor no es corta para salvar»: Isaías 59:1–2, 8, 15–17

«El celo del Señor de los ejércitos»: Isaías 9:7

«El ferviente compromiso del Señor»: Isaías 9:7 NTV

«El ardiente amor del Señor todopoderoso»: Isaías 9:7 DHH

«Dios odia el pecado»: Plantinga, *Not the Way It's Supposed to Be*, 14.

«Cuando se acercaba a Jerusalén»: Lucas 19:41–42

«El celo por tu casa me consume»: Juan 2:17

«Mi fuerte amor por tu templo»: Juan 2:17 TRAD. DEL INGLÉS)

«Ya que hemos fuimos justificados»: Romanos 5:1–2 NTV

CAPÍTULO 2: LLUVIAS DE BENDICIÓN

«Estableceré con ellos un pacto de paz»: Ezequiel 34:25–26

«El Señor consolará a Sión»: Isaías 51:3

CAPÍTULO 3: MUNDO MARAVILLOSO

«La vida es difícil»: M. Scott Peck, *The Road Less Traveled: A New Psychology of Love, Traditional Values, and Spiritual Growth* (New York: Touchstone, 2002), 15.

«Era el mejor de los tiempos »: Charles Dickens, *A Tale of Two Cities* (London, 1859).

«El reino de los cielos»: Mateo 13:24–25

«Dios ha permitido que el bien y el mal crezcan juntos»: Ver Mateo 13:36–43

«Cuando tengan que enfrentar cualquier tipo de problemas»: Santiago 1:2–4 NTV

La buena semilla de Su Reino: Ver Mateo 13:31–35

«Sin embargo, los sanaré:»: Jeremías 33:6–9

CAPÍTULO 4: EL BESO

«Dios «promete paz a su pueblo...» «se besarán la justicia y la paz»: Salmo 85:8, 10

«La justicia y la paz se abrazarán»: Salmo 85:10 CSB (TRAD. DEL INGLÉS)

«Los matices» ... «Está estrechamente asociada»: Barry D. Jones, *Dwell: Life with God for the World* (Downers Grove, IL: InterVarsity Press, 2014), 34.

«Venga tu Reino»: Mateo 6:10

«A ustedes se les ha dado entendimiento»: Mateo 13:11 MSG TRAD. DEL INGLÉS)

«Cuando Su gobierno aumenta, Su paz aumenta»: Ver Ver Isaías 9:7

«La vida humana solo funciona correctamente» Timothy Keller, *Every Good Endeavor: Connecting Your Work to God's Work* (New York: Penguin Books, 2016), 26.

«Yo soy el Señor tu Dios»: Isaías 48:17–18

«No hay paz»: Isaías 48:22

«Un instrumento de justicia»: Romanos 6:13

«El justo vivirá por la fe»: Romanos 1:17

«El producto de la justicia será la paz»: Isaías 32:17–20

«El reino de Dios»: Romanos 14:17

CAPÍTULO 5: CAMINOS MÁS ALTOS – PENSAMIENTOS MÁS ALTOS

«Árboles que siempre dan fruto»: Salmo 1:3 NBLA

«Prosperan en todo lo que hacen»: Salmo 1:3

«El shalom en su aspecto más crítico»: Brueggemann, *Peace*, 5.

«Más altos que sus caminos»: Isaías 55:9

«Haciéndola producir y germinar»: Isaías 55:10

«Con paz serán conducidos»: Isaías 55:12

«*Camino y pensamientos* se refieren al estilo de vida y la filosofía de vida que hay detrás»: Motyer, *The Prophecy of Isaías*, 457.

La persona que prospera en todo lo que hace: Ver Salmo 1:3

«Ningún ojo ha visto»: 1 Corintios 2:9–16

CAPÍTULO 6: SEA PROLÉPTICO

«La tierra no tenía forma»: Génesis 1:2

«Vacío de propósito, significado y función»: Juan H. Walton, *The NIV Application Commentary. Génesis* (Grand Rapids, MI: Zondervan, 2001), 73.

«Ser hechos a la imagen de Dios»: Walton, *NIV Application Commentary: Génesis*, 137.

«El mundo interior de la imaginación»: Richard J. Foster, *Celebration of Discipline: The Path to Spiritual Growth* (San Francisco: Harper and Row, 1978), 22.

«Por el poder de Dios que obra en nosotros»: Efesios 3:20 PDT

«Lo he llenado del Espíritu de Dios»: Éxodo 31:3–5 NTV

«La imagen de Dios estampada en nosotros»: Darrow L. Miller, *Discipling Nations: The Power of Truth to Transform Cultures* (Seattle: YWAM Publishing, 1998), 225.

CAPÍTULO 7: ¿POR QUÉ LLORÓ JUAN?

«Nadie tiene amor más grande»: Juan 15:13 NVI1984

«El precio de Shalom »: Bernhard Ott, *God's Shalom Project: An Engaging Look at the Bible's Sweeping Story* (Intercourse, PA: Good Books, 2004), 10.

«No existe Shalom»: Cole, *God the Peacemaker*, 229–230.

«La necesidad de paz»: Cole, *God the Peacemaker*, 67.

«Reconciliar todas las cosas consigo»: Colosenses 1:20 NVI

«Quién es digno de romper los sellos»: Apocalipsis 5:2–4

Un rollo sellado de esta manera: Ver Jeremías 32:1–44

«El testamento de Jesús»: Craig S. Keener, *The NIV Application Commentary: Revelation* (Grand Rapids, MI: Zondervan, 2000), 188.

«Deja de llorar »: Apocalipsis 5:5

«El Cordero que estaba de pie»: Apocalipsis 5:6–7

«Digno eres de recibir el rollo»: Apocalipsis 5:9–12

«El Dios paz aplastará muy pronto a Satanás »: Romanos 16:20 NVI

«Not repay anyone evil for evil»: Romanos 12:17

«No paguen a nadie mal por mal»: Romanos 12:18

«Mía es la venganza»: Romanos 12:19

«Digno es el Cordero»: Apocalipsis 5:12

SECCIÓN 2

CULTIVE

ocho

Cultive El Paraíso

Paraíso. Una palabra y actualidad tan maravillosa. Este término, originalmente prestado de la lengua persa, describe un jardín seguro y verde, un parque cerrado o un «terreno de placer» dentro de una ciudad bulliciosa, un santuario de deleite y belleza en medio de la cacofonía urbana. Paraíso ha llegado a ser sinónimo de Edén en las Sagradas Escrituras, y en el Nuevo Testamento se refiere a donde un puede participar del Árbol de la Vida. Paraíso ha llegado a ser sinónimo de Edén en las Sagradas Escrituras, y en el Nuevo Testamento se refiere al lugar donde uno puede comer del Árbol de la Vida. Me agrada esta idea de exuberante belleza y vigorizante placer que se manifiesta en medio de lo que no siempre es tan agradable. El paraíso en el principio era seguro, ordenado y próspero en lo que de otro modo sería un desierto sin cultivar. Esto nos alerta sobre el hecho de que podemos experimentar el paraíso ahora en un mundo que a menudo es salvaje y que está esperando una redención completa.

Cuando confesamos nuestra fe en Jesús, entramos al paraíso, y el paraíso entró en nosotros. Nacimos de nuevo, resucitamos junto con Cristo, Él nos sentó hizo sentar con Él en los lugares celestiales y comimos del Árbol de la Vida. Esta realidad espiritual es nuestra nueva realidad aun mientras vivamos en esta realidad terrenal. Esto me hace recordar las palabras de Jesús al criminal penitente que creyó en la cruz: «Hoy estarás conmigo en el paraíso». Esta es una forma interesante de pensar en el paraíso ahora. Cuando creemos en Jesús y seguimos a Jesús, participamos de las maravillas del cielo aun cuando nos encontramos en la tierra caída. La voluntad de nuestro Padre que está en los cielos comienza a hacerse en nosotros aquí como allá. El paraíso echa raíces en nuestra misma esencia.

Para acoger por completo la paz integral que fluye de este nuevo arreglo, tenemos que cultivar esta recreación edénica. Adán fue colocado en el Edén «para trabajarlo y cuidarlo». Tenía que cultivar el paraíso para desbloquear sus posibilidades ilimitadas. Como señaló astutamente Timothy Keller: «Hemos de ser jardineros que... no dejan la tierra tal como es... [sino que] extraemos del suelo las potencialidades para el crecimiento y el desarrollo». Podemos y debemos cultivar el paraíso para aumentar la paz.

La sicóloga Carol Dweck explica la diferencia entre una «mentalidad fija» y una «mentalidad de crecimiento». Alguien con una mentalidad fija cree que simplemente son quien son, la vida es simplemente como es y cualquier intento de crecer y cambiar es energía malgastada. Una «mentalidad de crecimiento», sin embargo, se basa en la creencia de que las cualidades de alguien son cosas que podemos cultivar por medio de nuestros esfuerzos. Aunque las personas puedan diferir de todas las maneras posibles ... toda persona puede cambiar y crecer por medio de la aplicación y experiencia». No hay duda de que Dios es un Dios con una mentalidad de crecimiento y que nosotros tenemos que ser personas con una mentalidad de crecimiento. San Pablo intimó a los efesios, por ejemplo, que los creyentes pueden crecer y pasar de ser inmaduros a maduros, hasta «llegar a la medida de la estatura de la plenitud de Cristo». San Pedro escribió que debemos esforzarnos: «al máximo por responder a las promesas de Dios» y que «cuanto más crezcan de esta manera, más productivos y útiles serán en el conocimiento de nuestro Señor Jesucristo». Por medio de Jesús, cada uno de nosotros somos una nueva creación con acceso a un nuevo mundo paradisíaco de abundantes posibilidades, pero tenemos que esforzarnos al máximo para cultivar todo lo bueno que hay en nosotros para maximizar todo lo que Dios dice que somos y podemos llegar a ser.

El crecimiento espiritual consiste en cerrar la brecha entre el viejo yo, con nuestra antigua manera de pensar, y el nuevo yo que está imbuido de la mente de Cristo. Nuestra naturaleza pecaminosa —el viejo yo— está imbuida con el ADN del Adán caído y todavía adopta por defecto el tipo de pensamiento que hizo que la condición de Adán fuera la del paraíso perdido. Nuestra nueva naturaleza, imbuida del ADN del segundo Adán, Jesucristo, tiene que cultivarse para renovar nuestras mentes para que podamos aprender a vivir —vivir de verdad— en el paraíso restaurado. Sin embargo, no solo necesitamos cerrar la brecha entre lo que éramos y lo que somos ahora en Cristo, sino también cerrar el espacio entre lo que somos ahora en Cristo y lo que tenemos el potencial de llegar a ser. Podemos crecer hasta llegar a la medida completa de Cristo, aprendiendo a pensar y a vivir como el hombre más plenamente realizado que jamás haya existido.

Permítame sugerir tres confesiones para ayudar a guiarle en sus esfuerzos a crecer hasta llegar a ser todo lo que Dios dice que usted es y puede llegar a ser, y para ayudarle a nutrir su realidad del nuevo paraíso.

Primero: Confiese la verdad de su humanidad. Es absolutamente cierto que usted ha sido creado de nuevo en Cristo Jesús y está sentado con Él en los lugares celestiales. También es absolutamente cierto que el viejo usted sigue aferrado, tentándole a pensar y actuar como solía hacerlo en este ámbito terrenal. Pablo dijo esencialmente que aunque había muerto al pecado y había nacido de nuevo, su naturaleza pecaminosa no aceptaba esta nueva vida y seguía intentando matarla. Reconoció que incluso en su nuevo estado espiritual, a veces hacía cosas malas que no quería hacer y no hacía cosas buenas que quería hacer.

Más vale que seamos honestos acerca de las áreas en las que luchamos, nuestro lado oscuro, nuestro yo pecaminoso. Me gusta la historia de Winston Churchill quien, mientras visitaba la Casa Blanca y después de bañarse, envuelto solo en una toalla, se quedó dictando una carta a un secretario. El presidente Roosevelt llamó a la puerta, entró en la habitación y, al hacerlo, a Churchill se le cayó la toalla. A lo que Churchill dijo sin vergüenza alguna: «No tengo nada que ocultarle». Pues bien, no tenemos nada que ocultarle a Dios, lo deseemos o no. Seamos honestos con Él entonces —y con nosotros mismos— en cuanto aquellas partes de nuestras vidas que aún no son como debieran ser. Como sabiamente aconsejó C. S. Lewis: «Tenemos que poner delante de Él lo que hay en nosotros, no lo que debería haber en nosotros». O como oró el salmista: «Oh Señor, perdona mis pecados, que son muchos».

Segundo: Confiese quién es usted ahora en Cristo. El hecho de que a veces sigamos errando el blanco no cambia lo que Dios dice que somos. Todavía tenemos una naturaleza pecaminosa que está haciendo un último intento por frustrar nuestro crecimiento, pero no somos nuestra naturaleza pecaminosa. Hemos sido declarados justos y estamos creciendo hacia vivir esta realidad. Tenemos que ser honestos acerca de nuestros fracasos y, al mismo tiempo, afirmar agresivamente que nuestra identidad está en Cristo. No nos definen nuestros errores. El autodesprecio y la vergüenza dañan el crecimiento espiritual, pero los justos viven y crecen por la fe. Cultive la creencia de que usted es quien Dios dice que es.

Tercero: Confiese su necesidad de que el Espíritu Santo le ayude a crecer. Tenemos que cultivar el paraíso, pero en última instancia, Dios es quien hace que las cosas crezcan. La cosa más crítica que podemos hacer, por lo tanto, es cultivar la vida del Espíritu. Tenga en mente que el fruto del Espíritu —incluyendo la paz— es producido por el Espíritu. Practique buenos hábitos espirituales que le ayudarán a conocer más a Jesús. Cuanto más nos enfoquemos en Jesús, más seremos «transformados a su semejanza con más y más gloria por la acción del Señor, que es el Espíritu». Cuanto más crezcamos en nuestra relación con Jesús, más nos ayudará el Espíritu Santo a crecer como personas y más prosperará el paraíso en nuestras vidas.

La traducción de Eugene Peterson del primer salmo proclama acertadamente: «Eres un árbol replantado en el Edén». Y así es. Cultive su yo renovado y el paraíso restaurado en usted. Al hacerlo, florecerá en cada faceta de su vida, de formas hasta ahora inimaginables. Paraíso.

Pregunta de reflexión

¿Cuál de las tres confesiones mencionadas es la que más necesita en su vida ahora mismo? ¿Cómo puede enfocarse en esta área de necesidad ayudarle a nutrir su nueva realidad paradisíaca?

nueve

Amor Inconmensurable, Dios Inconmensurable

Tenemos una imagen asombrosa de shalom en el Apocalipsis cuando la Nueva Jerusalén, esa radiante ciudad de jardines, desciende del cielo y se sitúa en el cielo nuevo y la tierra nueva. Se puede decir mucho acerca del esplendor de ese lugar, el cual refleja «la forma que deben ser las cosas», pero me llama la atención el hecho de que el ángel que mostró la ciudad eterna a Juan intentara medirla con una «vara de oro para medir», diseñada para transmitir una «medida humana estándar». ¿Era esto como un metro de oro? ¿Cómo se mide, con una medida humana estándar, una ciudad de 2.220 kilómetros de largo, 2.220 kilómetros de ancho y 2.220 kilómetros de alto? ¿Cómo calcular y explicar muros de jaspe de 65 metros de grosor, doce puertas hechas cada una de una sola perla, kilómetros de calles pavimentadas con oro transparente?

Esto me deja impresionado en cuanto a hasta qué punto Dios, que es Él mismo incognoscible, quiere dar a conocer lo incognoscible. Y para asegurarse de que podamos captar lo que no se puede captar, Él usará medidas que podemos comprender, al menos en la medida en que podamos comprender lo incomprensible. Beth Felker Jones escribe:

> La revelación de Dios a nosotros encaja con el tipo de criaturas que somos. Somos criaturas que aprendemos por medio de nuestros sentidos, por medio de la materialidad, y somos criaturas que habitamos en la historia, en el tiempo y en el espacio. Así que Dios se revela en la historia y en la materialidad.

Sin embargo, confieso que cuando considero a Dios —El que es autoexistente, no confinado por el tiempo, la fuente singular de toda realidad, afuera y más allá del mundo que creó, todo conocedor y todopoderoso—siento una especie de vértigo conceptual. Me siento como si estuviera de pie en la azotea del alto edificio Empire State Building de Nueva York, con los pies en el borde, asomándome; solo que se trata de una discombobulación del alma. Siento la tentación de retroceder con cuidado y contemplar otra cosa. Pero no hay necesidad de retroceder con mucho cuidado y contemplar otra cosa. Pero no hay necesidad de retroceder, porque Dios anhela ser conocido por los mortales, tender un puente sobre el abismo infinito, y así lo hizo en el hombre Jesucristo. Juan escribió: «Nadie ha visto jamás a Dios; pero el Único, que es Dios, está íntimamente ligado al Padre. Él nos ha revelado a Dios». Jesús era Dios en una medida humana.

Por medio de la encarnación, envolvió el infinito en carne, entró en nuestro mundo de fisicalidad y permitió a los seres humanos cuantificar lo que desafía las dimensiones.

¿Por qué hizo esto Dios? Por amor. Ama al mundo y quiere estar en una relación amorosa con cada uno de nosotros. Su amor, sin embargo, es igual de incomprensible que Él. Dios, después de todo, es amor. Sin embargo, de todas maneras quiere Él que crezcamos en nuestra comprensión de Él y Su amor incalculable. Esto es esencial para nuestro cultivo de shalom.

El apóstol Pablo oró que aumentáramos nuestra habilidad de comprender el amor de Dios aunque a última instancia es incomprensible.

> Echarán raíces profundas en el amor de Dios, y ellas los mantendrán fuertes. Espero que puedan comprender, como corresponde a todo el pueblo de Dios, cuán ancho, cuán largo, cuán alto y cuán profundo es su amor. Es mi deseo que experimenten el amor de Cristo, aun cuando es demasiado grande para comprenderlo todo. Entonces serán completos con toda la plenitud de la vida y el poder que proviene de Dios.

Hemos de cultivar y echar raíces profundas en el suelo del amor de Dios. Debemos hacerlo aunque nuestro intento de comprender Su amor sea como intentar medir el océano con una cucharilla. Cuanto más comprendamos el amor ilimitado de Dios tal como nos lo muestra Jesús, más viviremos vidas impregnadas de shalom. Dios quiere que usted lo conozca y que sepa cuánto lo ama. Usted capta el amor inconmensurable cuando experimenta cualquier medida del infinito amor de Jesucristo.

En octubre de 1995 nacieron gemelas doce semanas prematuras. La costumbre entonces era colocar a gemelos prematuros en incubadoras diferentes para reducir el riesgo de infección. Aunque ambas niñas eran muy pequeñas, pues cada una nació pesando poco más de un kilo, Kyrie era la hermana ligeramente mayor y siguió ganando peso y durmiendo tranquilamente. Brielle, por otro lado, no solo tenía dificultades para ganar peso, sino que también sufría bajos niveles de oxígeno y problemas del ritmo cardíaco. Tenía que esforzarse mucho para tomar aire profundamente. Una noche, Brielle entró en estado crítico, con dificultad para respirar, y su cuerpecito se puso un mórbido gris azulado. Sus padres estaban frenéticos, aterrorizados de perderla. La enfermera de guardia intentó todos los procedimientos normales para salvar la vida de Brielle, pero sin resultado. Entonces intentó algo radical para ese tiempo, algo que apenas recientemente había escuchado de una colega que había visto cómo se hacía en algún lugar de Europa. Levantó a Brielle y la colocó en la incubadora con su hermana mayor y más sana. Brielle se acurrucó junto a Kyrie y se calmó de inmediato. En pocos minutos, sus signos vitales eran los mejores que había tenido desde que había nacido. Y mientras dormía plácidamente, Kyrie rodeó a su hermanita con un bracito.

Recuerdo esa historia en ocasiones cuando leo esas palabras inmortales: «Porque de tal manera amó Dios al mundo, que dio a Su Hijo unigénito, para que todo aquel que cree en Él, no se pierda, sino que tenga vida eterna». Y me hace recordar que Jesús —Dios y hombre a la vez— dijo que no se avergonzaba de llamarnos Sus hermanos y hermanas. Es como si Dios se pusiera piel y se metiera en nuestra cuna. Es como si el Padre dijera: «*Voy a enviarte allí abajo con tus hermanos y hermanas, tus hermanos que luchan y sufren y que están luchando para respirar, y quiero que te acerques y los rodees con tus brazos y les muestres cuánto los amo. Te envío para que ellos conozcan el alcance inconmensurable de Mi amor. Quiero que los ames de nuevo hasta que vuelvan a la vida*».

El mismo Juan que nos contó cómo vio a un ángel medir la ciudad celestial escribió también un evangelio en el que nos cuenta cómo el Creador del universo se hizo carne y habitó entre nosotros. Juan parecía tener una fascinación por medir lo inconmensurable, y le causaba alegría explicar cómo Jesús dio a conocer al Dios eterno. Pero igual de reveladora es la manera en que Juan se describió a sí mismo a la luz del Dios infinito en medida humana. Escribió que era «el discípulo a quien Jesús amaba». En la Última Cena, en la cruz, en la tumba, después de la resurrección, Juan se identificó sencillamente como el hombre amado por Jesús. Me lo imagino diciendo: «El Dios del universo, Aquel que no puede ser conocido, se ha dado a conocer en este hombre llamado Jesús, y me ama». Esto fue lo más significativo que a Juan se le ocurrió decir acerca de sí mismo. ¿Quién dio a Juan el apodo de «Juan el amado»? Juan lo hizo.

Pero Jesús no solo amaba a Juan. También lo ama a usted con un amor inconmensurable. Y Él quiere que usted intente captarlo en su mente, que lo sienta en su alma, que intente medirlo, si le parece. Usted tiene que cultivar su conciencia de lo grande que es Dios y de lo grande que es Su amor por usted. Profundice sus raíces en este amor sin fondo. Esto, amigo mío, es fundamental para el crecimiento espiritual. Dios y Su amor pueden ser imposibles de comprender totalmente, pero inténtelo de todos modos. El Dios del universo quiere que usted —¡usted!— experimente Su amor inconmensurable.

Pregunta de reflexión

Enfóquese en cuánto le ama el Dios del universo. ¿Puede ver cómo enfocarse en lo mucho que es amado por Dios es fundamental para experimentar Su paz en su vida?

diez

El Afecto Del Padre

Brennan Manning cuenta la historia enternecedora de un caballero llamado Ed que viajó de Detroit a Irlanda para visitar a su tío favorito, Seamus, y celebrar su octogésimo cumpleaños. Ed y el tío Seamus se levantaron temprano ese día tan especial para caminar por la orilla del lago Killarney y contemplar juntos el amanecer. Era una mañana fresca y hermosa, las aguas del lago eran azules y relucientes, el césped que lo bordeaba de un rico verde esmeralda. A medida que salía el sol, la belleza serena de la escena que se desarrollaba parecía suspender el tiempo, y permanecieron de pie sin decir palabra alrededor de veinte minutos. Luego, de repente, el tío Seamus empezó a caminar, dando pequeños saltos, a lo largo de la orilla con lágrimas corriendo por su rostro sonriente.

Cuando Ed alcanzó a su tío anciano bailador, le preguntó: «Tío Seamus, ¿por qué estás tan feliz?».

Con su suave acento irlandés, el tío Seamus respondió: «Es que el Padre me quiere mucho. Ah, mi Padre siente tanto afecto por mí». En ese momento, este hombre se sentía sencillamente sobrecogido por una gozosa conciencia del afecto y el cuidado que Dios sentía por él.

La palabra afecto es una manera apta de transmitir una faceta del amor sin límites de Dios; Él no solo nos ama, también le simpatizamos. De hecho, le simpatizamos... mucho. El amor, por maravilloso y esencial que sea, puede estar arraigado en la obligación y el deber. A nosotros, por ejemplo, se nos ordena amarnos los unos a los otros. Pero simpatizar, por otro lado, tiene más que ver con el placer y el deleite. Creo que la mayoría de nosotros creemos que Dios nos ama. Pero, ¿creemos también que le simpatizamos?

Hay una pregunta reveladora en una encuesta que se hace durante cada temporada de elecciones presidenciales en Estados Unidos: ¿Con qué candidato preferiría tomarse una cerveza? ¿Con qué candidato preferiría tomarse una cerveza? Se trata de la agradabilidad de la persona, de querer compartir una comida y mantener una conversación con ella. Mi pregunta para usted es: ¿Cree que a Dios le gustaría comer con usted? Sé que usted sabe que Él lo ama y que envió a Jesús para salvarlo y todo eso. Pero, ¿cree que Él disfrutaría conversando con usted? Estoy seguro de que la respuesta es sí. Jesús, que nos mostró cómo es Dios, aceptó invitaciones a cenar y pasó tiempo con todo tipo de personas, y no puedo evitar pensar que Él disfrutaría de pasar tiempo con personas como usted y como yo. Tenemos todos los motivos para creer que le caemos bien. Después de todo, Él le hizo a usted, a usted, y me hizo a mí, a mí.

¡Usted le simpatiza! Usted con el terrible aliento por la mañana. Usted que carga con siete kilos de más. Usted que no envió ese correo electrónico que le dijo a su jefe que enviaría ayer. Usted que se pasó casi toda la noche viendo películas de Netflix y ahora está luchando, con los ojos hinchados, para hacer su lectura devocional. Usted que tuvo que poner dinero en el tarro especial por haber dicho una maldición en el trabajo esta semana. Usted que está luchando con la lujuria. Usted que volvió a pecar. Eso no significa que Él apruebe o le agraden las cosas tontas, necias o pecaminosas acerca de usted. Pero a pesar de esas cosas, Él todavía le tiene afecto.

El salmista hizo notar que Dios conocía todo acerca de él: cada pensamiento, cada palabra, cada comportamiento. Entonces exclamó: «¡Qué preciosos son tus pensamientos acerca de mí, oh Dios!» y «¡Gracias por hacerme tan maravillosamente complejo! Tu fino trabajo es maravilloso». Dios conoce cada detalle de nuestras vidas, lo bueno, lo malo y lo feo y, sin embargo, de alguna manera mira la totalidad de lo que somos y elige amarnos y, aún más, se deleita en nosotros. Sus pensamientos acerca de nosotros son bondadosos. Él nos hizo en nuestra complejidad maravillosamente loca, y a Él le simpatiza la persona que hizo. Saber que le simpatizamos a Dios es un componente importante de la paz profunda y un aspecto fundamental del crecimiento espiritual. El Padre siente mucha simpatía por nosotros. Tenemos que cultivar y regocijarnos en este conocimiento, y luego ponernos manos a la obra para simpatizar con nosotros mismos también.

Las Escrituras nos enseñan que cuando creemos en Jesús y somos bautizados, el viejo yo muere y vive un nuevo yo, empoderado por el Espíritu de Jesús. «He sido crucificado con Cristo, y ya no vivo yo, sino que Cristo vive en mí. Lo que ahora vivo en el cuerpo, lo vivo por la fe en el Hijo de Dios, quien me amó y dio su vida por mí». Sin embargo, es importante señalar que usted sigue siendo usted y yo sigo siendo yo. Su naturaleza pecaminosa fue crucificada pero usted sigue viviendo. Ahora, sin embargo, usted puede ser el usted recreado, la versión *vintage* de usted.

La obra del Redentor no está en desacuerdo con la obra del Creador. La redención trata de recuperar lo que se había perdido. La obra redentora de Jesús hace que usted sea la persona que Dios creó que fuera antes de que el pecado interrumpiera el diseño de Dios. Dios no quiere que usted sea nadie más que la persona que Él hizo originalmente. Él le redimió para que usted fuera ese usted. Usted es la persona que Él ama y aprecia.

Los cristianos recalcamos a menudo la verdad de que cuando Dios Padre nos mira, en realidad no nos ve a nosotros —al menos en lo que respecta a nuestro pecado— sino que ve a su Hijo, Jesús. Sabemos que solo tenemos paz con Dios porque Jesús tomó nuestro lugar y expió nuestros pecados. Pero lo que Jesús logró causó que Dios se reconciliara con usted. Él sí lo ve, y quiere tener una relación con usted.

Jesús es el Hijo unigénito de Dios, lo que significa que no fue creado sino que siempre ha existido en relación singular con Dios Padre y es Él mismo Dios. Sin embargo, Él no es el único hijo de Dios. Aquellos de nosotros que Él creó, que hemos creído, también hemos sido hechos Sus hijos e hijas a través del sacrificio de Su Hijo unigénito, Jesucristo. «Dios decidió de antemano adoptarnos como miembros de su familia al acercarnos a sí mismo por medio de Jesucristo. Eso es precisamente lo que él quería hacer, y le dio gran gusto hacerlo». Usted ha sido incluido en la familia de Dios, y esto le produce a Dios una alegría extraordinaria. Él le eligió a usted y optó por hacerle Su hijo o hija. No debemos actuar como si Dios nos tolerara solo porque tenemos a Jesús como perfecto hermano mayor, como si nos hubieran invitado a la fiesta porque tenemos un hermano muy simpático. Jesús hizo posible que Dios tuviera con nosotros la relación que siempre quiso. Él le quiere a usted.

Además, el hecho de que se nos llame a ser más como Jesús no significa que se nos llame a ser menos que nosotros mismos, solo la mejor versión de nosotros mismos. Así que, por ejemplo, un análisis de personalidad como el de Myers-Briggs puede revelar que usted es un ENTJ. El perfil DISC puede resaltar que usted se inclina más por inspirar a otros que por ser detallista. En el examen que le ayuda a descubrir sus áreas fuertes, puede resultar que usted es un Logrador. El Eneagrama puede indicar que usted es perfeccionista. Sea como sea, Él le dio su personalidad básica, y usted le agrada en su singularidad individual. A través de Jesús, se convertirá en una versión más semejante a Cristo de usted mismo. A través de la obra del Espíritu Santo, se convertirá en una versión más amorosa, alegre, pacífica, indulgente, amable, buena, fiel, gentil y autocontrolada de sí misma. Acepte quién es fundamentalmente y crezca para convertirse en el mejor usted que pueda ser. Cultive su conciencia de lo mucho que le agrada a Dios y diviértase siendo la persona que Dios disfruta.

Más vale que se una al tío Seamus en su exuberante danza. El profeta escribió que Dios «Se deleitará en ti con alegría... Se gozará por ti con cantos de alegría». Usted y Seamus no serán los únicos que bailen. Dios también estará bailando. Su Padre siente tanto afecto por usted..

Pregunta de reflexión

¿Puede aceptar que Dios simpatiza con usted? ¿Puede aceptar también que si Dios simpatiza con usted, usted debe simpatizar consigo mismo? ¿Qué podría cambiar en su vida si usted apreciara cada vez más quién es auténticamente usted?

once

Sin Falta, Tenga Fe

Reconozco abiertamente que en los dos últimos capítulos he intentado deliberadamente infligir un daño severo a lo que el notable Henri Nouwen llamaba «nuestra capacidad inagotable de autodesprecio». La verdadera paz sigue siendo elusiva cuando albergamos la inclinación a despreciarnos a nosotros mismos. Usted es profundamente amado y genuinamente apreciado por Dios, y es vital que confíe en Él y en Su decisión de sentir así acerca de usted. Digamos adiós al autodesprecio.

El autodesprecio encuentra sus raíces en la tierra de la vergüenza. La vergüenza surgió como una mala hierba nociva en el jardín edénico cuando se fracturó el shalom, y desde entonces ha soltado semillas de devastación por toda la familia humana. Debido a sus elecciones, Adán y Eva pasaron de la transparencia total y la ausencia de vergüenza a una trágica conciencia de su imperfección y a un débil intento de ocultarse con hojas de higuera.

Entonces Dios, mediante el sacrificio de un animal inocente, cubrió su vergüenza. Lo hizo porque quería y porque era el único que podía hacerlo. Ahora, a través del sacrificio de Jesús, Él nos ofrece a todos la oportunidad de cubrir nuestra vergüenza. El mensaje claro es que Él no quiere que vivamos en vergüenza. ¿Por qué? Él quiere shalom, y shalom y vergüenza son enemigos mortales.

El New York Times llamó al a veces controversial psicólogo clínico Jordan Peterson «el intelectual público de mayor influencia en el mundo occidental en estos momentos». Su perspectiva sobre por qué tantos de nosotros luchamos por querernos a nosotros mismos y practicar el autocuidado es intrigante. Observa que no solo demasiados de nosotros nos tratamos peor a nosotros mismos que a otras personas, sino que incluso nos tratamos peor que a nuestras mascotas. Las estadísticas revelan, por ejemplo, que muchos de nosotros no tomamos correctamente los medicamentos que nos han recetado y que podrían mejorar nuestro bienestar, pero administramos fielmente medicamentos a nuestras mascotas. ¿Por qué, se pregunta Peterson, cuidaríamos mejor a nuestro perro que a nosotros mismos? Este psicólogo filósofo responde a su propia pregunta remontándose a la vandalización del shalom en el Génesis.

> Ahora tiene la respuesta, derivada de uno de los textos fundacionales de la humanidad. ¿Por qué debería alguien cuidar a algo tan desnudo, feo, avergonzado, asustado, inútil, cobarde, resentido, a la defensiva y acusador como un descendiente de Adán?... Solo usted conoce toda la gama de sus transgresiones secretas, insuficiencias e inadecuaciones... Nadie tiene más motivos para despreciarse, para

> verse patético, y al retener algo que le podría hacer bien, usted se puede castigar por todas sus faltas. Un perro, un perro inofensivo, inocente, despreocupado, es claramente más merecedor.

Luego nos anima a tratarnos a nosotros mismos de manera más amable, haciendo énfasis en que: «No es virtuoso dejarse victimizar por un abusón, incluso si ese abusón es uno mismo».

Estas palabras resuenan profundamente en mí. Primero, porque la experiencia comprueba que son ciertas. Segundo, porque cuando creemos en Jesús y recibimos lo que Él ha hecho, Dios cubre todas esas cosas indecorosas que conocemos acerca de nosotros y que Él conoce acerca de nosotros. Tenemos que aceptar la invitación que las Escrituras nos ofrecen: «Así que, hermanos, mediante la sangre de Jesús, tenemos confianza para entrar en el Lugar Santísimo... Acerquémonos, pues, a Dios con corazón sincero y con la plena seguridad que da la fe'». En nuestro estado caído, tendemos a caer en vergüenza por defecto. En Cristo, nuestra reacción inmediata sin falta tiene que ser la fe.

La vergüenza es esa inquietud oscura que sentimos en nuestro interior. Brené Brown, investigadora de la vergüenza, afirma: «La vergüenza es el sentimiento o la experiencia intensamente dolorosa de creer que somos defectuosos y por lo tanto, indignos de ser aceptados y de sentir que pertenecemos». También subraya útilmente la distinción entre la vergüenza y la culpa «como la diferencia entre «soy malo» y «he hecho algo malo». «La culpa es tan poderosa como la vergüenza, pero su influencia es positiva, mientras que la de la vergüenza es destructiva».

Cuando somos culpables de algo, sentimos convicción, confesamos nuestro pecado, y recibimos perdón. Cuando sentimos vergüenza, sin embargo, debemos decir: «Esto no es como las cosas debieran ser» y rehusar despreciarnos a nosotros mismos. Dios ha decidido que usted —¡usted!– es digno de Su amor. Él conoce todas las imperfecciones que cada uno de nosotros tenemos, pero a través del sacrificio de Jesús, Él ha cubierto todas. Tenga confianza en este hecho y acérquese a Dios con la seguridad que imparte la fe.

Brené Brown ha alcanzado a millones de personas con su mensaje que la vergüenza es la razón principal por la cual muchas personas no viven con todo el corazón. Estoy de acuerdo, sin embargo, propongo una inquietud existencialmente más profunda: La vergüenza destruye el shalom. La vergüenza impide que todo funcione armoniosamente en nuestras vidas como Dios manda. La vergüenza impide que experimentos bienestar holístico, florecimiento productivo, y realización alegre. Es imperativo que no vivamos en la vergüenza. De otra manera, creo que quebrantaremos el corazón del Padre.

Para un seguidor de Jesús, la fe es el fundamento de todo lo bueno en nuestras vidas. «En consecuencia, ya que hemos sido justificados mediante la fe, tenemos paz con Dios por medio de nuestro Señor Jesucristo». Tenemos que creer que somos quienes Dios dice que somos —dignos de amor, declarados justos, y libres de vergüenza— y permitir que nuestro sentido del yo sea moldeado por esa verdad. No podemos aborrecer lo que Dios ama.

Existe una manera interesante de llegar a la nueva realidad que existe porque hemos creído en Jesús y hemos nacido de nuevo.

Jesús intimó que las personas nacen de nuevo cuando la semilla de la Palabra de Dios es plantada en sus corazones. Una palabra para semilla usada con frecuencia en el Nuevo Testamento proviene de la palabra griega sperma, de la cual obtenemos nuestra palabra en español... bueno, ya se la imaginará. La semilla de Dios tiene el ADN de Dios Padre en ella. Verdades como esta inspiraron al apóstol Pedro a afirmar que el divino poder de Dios «nos ha concedido todas las cosas que necesitamos para vivir con devoción» y a «tener parte en la naturaleza divina» y por lo tanto viviremos vidas eficaces y productivas.

Sharon y yo tenemos una amiga que fue adoptada. Tiene muchas cualidades admirables y un tic peculiar. Con frecuencia, inconscientemente, se frota la parte inferior de la nariz con la parte superior de la mano derecha, como si se estuviera limpiando la nariz aun cuando su nariz no lo necesite. No conoció a su padre biológico hasta que fue adulta y, cuando lo hizo, se asombró al verlo frotarse nerviosamente la nariz con la mano derecha, igual que hace ella. Y luego tuvo su primera bebé. Sharon la visitó a ella y a la nueva bebé en el hospital, y la niña estaba acostada en su cuna, limpiándose alegremente la naricilla con su manita derecha. Este es el poder del ADN.

Pues bien, la semilla de Dios está en usted. Usted comparte Su naturaleza divina. Usted no puede evitar ser quien Él dice que es. El éxito es su destino. Cuando Dios lo mira, no ve a un pobre perdedor que no puede superar su propia manera de ser, merecedor autodesprecio. De ninguna manera. En lugar de eso, Él ve un reflejo de Sí mismo. Ve la imagen de Dios reconstruyéndose en uno de Sus hijos. Él ve un potencial ilimitado -vastas posibilidades shalómicas. Ama lo que ve. Le gusta lo que ve. Así que no desprecie aquello de lo cual Dios está orgulloso. Siga el programa, amigo mío. Prescinda ya de la vergüenza y el autodesprecio. Vea a la persona nacida de nuevo que Dios Padre ve cuando lo observa. Vaya en paz. Su fe lo ha hecho sano en cada aspecto de su ser.

Pregunta de reflexión:

¿Puede mirarse hoy en el espejo y ver a una persona de quien Dios se enorgullece y disfruta? Sea amable consigo mismo; Dios lo ama y lo aprecia inmensamente.

doce

Una Receta Para La Ansiedad

Un encabezado desconcertante del Wall Street Journal proclama: «El próspero negocio de la ansiedad estadounidense», revelando que «en una encuesta federal reciente, el 27% de los respondientes indicaron que tenían síntomas de un trastorno de ansiedad» y explicaba cómo el tratamiento de la ansiedad se ha convertido en un negocio floreciente. Puede que el otro 73% de nosotros no afirmamos tener un trastorno, sin embargo, conocemos la sensación de la ansiedad. La mayoría de nosotros, en ocasiones, sentimos un susurro sutil de angustian y hemos aprendido que ese susurro sutil puede convertirse en ansiedad total si no se atiende adecuadamente. La sabiduría perenne de las Escrituras da una receta que nunca expira, instándonos: «Por nada estén afanosos» sino que entreguemos nuestras ansiedades a Dios y experimentar «la paz de Dios, que sobrepasa todo entendimiento». Personalmente he tratado la ansiedad con este pasaje vez tras vez.

Algunas veces nos preocupamos por cosas claramente identificables. A veces no tenemos idea de por qué nos sentimos ansiosos. Independientemente de ello, como escribe Daniel Goleman:

> La preocupación no funciona muy bien. Nuevas soluciones y formas frescas de ver un problema típicamente no provienen de la preocupación, en particular de la preocupación crónica... Los que se preocupan de forma crónica se preocupan acerca de una gran gama de asuntos, la cuales, por su mayor parte, tienen muy poca probabilidad de ocurrir.

La preocupación no obstruye de abrazar totalmente la vida que Dios visualiza para nosotros. Leí un artículo acerca de cómo los ansiosos cangrejos de río no se aventuran a salir de los rincones oscuros de un acuario para explorar lo que está ocurriendo en la luz. Estos crustáceos han experimentado algún resultado negativo de aventuras previas y no están dispuestas a aventurar de nuevo. De manera similar, una persona ansiosa tiende a permanecer en las sombras autolimitantes, rehusando arriesgarse a explorar las posibilidades desconocidas de la vida.

Lo que preocupa más es que la misma preocupación nos puede distraer de Dios. Una definición de la palabra *ansiedad* en el Nuevo Testamento es «atraer en direcciones diferentes, distraer». Esto es causado por una «preocupación ansiosa». Parte de ser ansioso, entonces, es tener una «preocupación que distrae». Jesús, en una ocasión, amorosamente corrigió a Marta porque estaba «inquieta y preocupada por muchas cosas» y en consecuencia se estaba perdiendo de lo más importante, que era pasar tiempo con Él. Es como si dijera, «Marta, su preocupación obsesiva y necesidad de controlar la están distanciando de Mí. ¡Aquí estoy! No permita que sus pensamientos ansiosos la distraigan de Mí». Me puedo imaginar a Jesús diciéndome cosas similares durante ciertas temporadas de mi vida.

Hay un número de cosas buenas que podemos hacer para aliviar la ansiedad, pero la paz que vence a la ansiedad y sobrepasa todo entendimiento se encuentra primero y sobre todo en nuestra relación con Dios y Su Palabra. He encontrado inmensa ayuda al meditar sobre versículos bíblicos que me recuerdan del cuidado que Dios tiene de mí. Un pasaje es el Salmo 121. Desglosémoslo en tres secciones.

Uno: «A las montañas levanto mis ojos; ¿de dónde ha de venir mi ayuda? Mi ayuda proviene del Señor, que hizo el cielo y la tierra. No permitirá que tu pie resbale». Este es uno de los cánticos de ascenso gradual, un salmo cantado o recitado por peregrinos que viajaban, ascendiendo al monte donde se encontraban Jerusalén y la Casa de Dios. El salmista levanta la vista: hacia dónde y hacia quien va. Un salmo posterior capta esto: «Levanto mis ojos a ti ... oh Dios, entronizado en el cielo». Él no baja la mirada, como la persona que camina, insegura de sí misma, vigilando sus pies y arrastrando los pies intentando no caerse. Algunos eruditos lo denominan un Salmo de Confianza; este hombre sabe a dónde va y no se dejará disuadir por alguna inquietud ansiosa.

El famoso equilibrista Karl Wallenda se precipitó a la muerte en 1978 mientras caminaba por un cable de setenta y cinco pies de altura en San Juan. A pesar de que había caminado exitosamente por muchos cables peligrosamente altos, su esposa dijo que en esta ocasión estaba extrañamente obsesionado con un temor a caerse. Y así sucedió. Es importante que no nos enfoquemos en los «qué puede ir mal» de la vida. ¡Mire hacia arriba! Enfóquese en Dios y rehúse mirar hacia abajo. Él no permitirá que su pie resbale.

Dos: «Jamás duerme el que te cuida. Jamás duerme ni se adormece el que cuida de Israel. El Señor es quien te cuida; el Señor es tu sombra a tu mano derecha. De día el sol no te hará daño ni la luna de noche». El verbo que se traduce *cuida* se emplea cinco veces en este salmo y en un sentido más amplio, significa «Dios me está protegiendo activa y vigilantemente». Y aunque los dioses paganos que se adoraban en las naciones alrededor supuestamente necesitaban dormirse, el único Dio verdadero nunca se adormece o duerme. Y porque siempre está cuidando y nunca duerme, nosotros no tenemos que estar siempre vigilando. Es más, cuando es tiempo de dormir, debemos estar dormidos.

El salmista dice que Dios nos cuidará del sol durante el día y nos protegerá de la luna de noche. Todos entendemos el gran daño que puede causar el sol, pero ¿la luna? Pues, ocurren locuras bajo el manto de la oscuridad. La palabra *lunático* viene de la palabra luna.

En tiempos antiguos, algunos paganos atribuían ciertas enfermedades al «dios de la luna» y aun en el Nuevo Testamento, se hicieron asociaciones entre la enfermedad y los efectos lunares. Esto incluye el uso de la palabra griega que se traduce convulsiones que literalmente significa ser golpeado por la luna.

La idea de ser atacado por la luna transmite acertadamente las ansiedades irracionales que muchos sienten a medianoche. Yo me siento más tentado por la preocupación cuando tengo problemas para dormir y estoy despierto en la oscuridad. Alrededor del 90% de los directores ejecutivos confiesan que el «temor al fracaso » les mantiene despiertos por la noche. Por lo general, se trata de personas muy seguras de sí mismas... pero, oh, los peligros de la luna.

A veces batallo con el insomnio. Hace años, hice un viaje a Ruanda para hacer algo de obra ministerial allí. Sharon y nuestro hijo, Christian, me acompañaron, y al final, participamos de un safari en Kenia, como un regalo de graduación de la Media Vocacional. En aquellos días, me era casi imposible dormirme en avión. Busqué a tientas en la oscuridad mi equipaje de mano, encontré una pastilla y me la tragué. Pasó una hora. Nada. Pensamientos ansiosos me acosaban. Desesperado por dormir, me tomé otra pastilla. Nada. Me sentía tan aislado en la oscuridad mientras rugían los motores y todos dormían profundamente menos yo. Años después, aún recuerdo la soledad palpable que experimenté aquella larga y oscura noche. Atacado por la luna. Posteriormente me di cuenta de que había ingerido por error dos aspirinas infantiles en lugar del somnífero que me habían recetado.

Tres: «El Señor te cuidará; de todo mal guardará tu vida. El Señor cuidará tu salida y tu entrada, desde ahora y para siempre». No tengo ningún reparo en cuanto a los somníferos o los medicamentos que ayudan con la ansiedad, siempre y cuando se usen en el contexto de la salud holística. Sin embargo, sugeriré que la receta que realmente necesitamos es ingerir la verdad que se encuentra en este pasaje y en muchos otros similares. Cuanto más hago esto, mejor duermo y más en paz me siento. Me uno a San Pedro para animarle a: «Deposite en él toda ansiedad, porque él cuida de ustedes». Él siempre nos cuida y nunca duerme. Él lo cuida de día y de noche. Permita que Él cuide de usted y le dé su paz.

Pregunta de reflexión

¿Tiene usted un afán, algo que le preocupe, que pueda entregar a Dios y permitirle que se preocupe, o se preocupe, por usted? Por favor, déselo a Él ahora, y permita que Él le dé Su paz.

trece

Espere Abundancia

El plan de Dios de aumentar shalom en nuestras vidas nos obliga a asimilar la idea de que tenemos que esperar y aprender a vivir con abundancia. Por abundancia me refiero a tener todos los recursos que necesitamos para realizar nuestro destino soñado por Dios. El apóstol Pablo nos enseñó que debíamos estar contentos en toda circunstancia, y habló de su propia travesía de la siguiente manera: «Sé lo que es vivir en la pobreza y lo que es vivir en la abundancia». Escribió esto inmediatamente después de recibir un regalo que lo trasladó de la pobreza a la abundancia. Expresa gratitud porque ahora tiene los recursos adecuados para hacer la obra que ha sido llamado a hacer. Creo que muchos de nosotros hacemos hincapié en la parte de vivir en necesidad y no la parte de abundancia. Sin embargo, una sana acogida de shalom nos forzará a esperar y administrar la abundancia, porque shalom siempre nos aleja de la escasez y nos acerca a la abundancia. La abundancia es parte integral del paquete shalom.

El erudito venerable del Antiguo Testamente Walter Brueggemann escribe elocuentemente acerca de shalom para los que «no tienen» y shalom para los que «sí tienen». Él postula que hay dos narrativas shalómicas en el Antiguo Testamento. Una está centrada en el pueblo de Dios que tiene gran necesidad. Piense, por ejemplo, en los judíos que estaban esclavizados en Egipto o en exilio. La segunda narrativa shalómica está centrada en los que tienen abundancia. Piense en David después de que tenía asegurado el trono, o Salomón y su prodigiosa riqueza. Dios amaba tanto a los que «sí tenían» y los que «no tenían» por igual y les prometió paz relevante a sus circunstancias. Y una de las maneras que alentaba a los que no tenían era por medio de darles esperanza en cuanto a lo que algún día tendrían.

Considere lo que lo que Dios les dio a los que estaban con extrema necesidad en Egipto y que clamaron a él con oración desesperada: «Ciertamente he visto la aflicción de Mi pueblo que está en Egipto... Así que he descendido para librarlos de mano de los egipcios, y para sacarlos de aquella tierra a una tierra buena y espaciosa, a una tierra que mana leche y miel». Él no celebra su miseria, sino que les promete que los llevará del no tener al tener, de la necesidad a la abundancia.

Considere lo que Dios dijo por medio de Jeremías a su pueblo en el exilio:

> «Busquen la paz y prosperidad de la ciudad donde los envié al destierro. Pidan al Señor por la ciudad, porque del bienestar de

la ciudad dependerá el bienestar de ustedes... Pues yo sé los planes que tengo para ustedes—dice el Señor—. Son planes para lo bueno y no para lo malo, para darles un futuro y una esperanza».

La paz está entrelazada con la prosperidad. La palabra *prosperar* en este pasaje es una traducción directa de la palabra shalom. Se puede traducir: «Busquen el shalom de la ciudad donde los he enviado... porque en su shalom ustedes encontrarán en shalom de ustedes ... pues sé los planes que tengo para ustedes, planes para su shalom y no para mal, para darles un futuro y una esperanza».

Se trata de una comprensión que moldea —o remodela — la vida. Si no tenemos, la intención de Dios es que pasemos a tener. Dios no observó a su pueblo necesitado y dijo: «Así son las cosas». ¡De ninguna manera! Dijo: «¡Así no deben ser las cosas!». Y: «¡Tengo planes para su shalom!». A medida que la paz de Dios aumenta en su vida, usted debe esperar y aprender a vivir con abundancia.

Un aspecto de la realidad edénica —donde vemos lo que Dios quería— era que había abundantes recursos. Las Escrituras dan a entender que el suelo del Huerto estaba cubierto de minerales preciosos, joyas resplandecientes, piedras de ónice, bedelio, oro. Ezequiel menciona caminar sobre piedras de fuego en el Edén. No me sorprendería que Adán tuviera que cuidarse de no golpearse el dedo del pie con una veta de oro que salía del suelo. En la profecía de Isaías, Dios promete a los Suyos «que no tienen» que les devolverá una ciudad reconstruida con «piedras de turquesa, y te cimentaré con zafiros! Con rubíes construiré tus almenas, con joyas brillantes tus puertas, y con piedras preciosas todos tus muros». Y todos sabemos que la Ciudad de Jardines —el Edén del futuro— resplandecerá con joyas y calles de oro puro.

Si tanto el Edén del pasado como el del futuro se caracterizan por sus recursos extravagantes, ¿por qué habríamos de suponer que la abundancia no es lo que Dios quiere para nosotros ahora? Sé que ahora vivimos en el reino del «ya pero todavía no» y que no veremos el cumplimiento total de todos los planes de Dios hasta la era venidera. Sin embargo, creo que necesitamos ver que el corazón de Dios es mover a las personas hacia la abundancia. Él ama apasionadamente a los pobres, y nos insta a amarlos y a aceptar la responsabilidad de cuidar de ellos, pero eso no significa que la pobreza sea Su diseño. Durante las temporadas de necesidad tenemos que estar contentos, sabiendo al mismo tiempo que Dios tiene un plan para sanarnos, para prosperarnos. Entonces, ¿cómo podemos responder a esto?

Primero, anticipe la abundante provisión de Dios. Sea agradecido por su condición actual, sea la que sea, pero crea que Dios lo está moviendo hacia la abundancia. Esto se verá diferente para cada uno de nosotros según nuestro llamado y contexto. Dios quizá a veces nos permite experimentar la necesidad con el fin de hacer algo más en nuestras vidas que suplir nuestra necesidad exactamente cuándo y cómo queremos que lo haga. De todas maneras, Él sí promete suplir sus necesidades, así que confíe en Él independientemente de su circunstancia actual y cultive una expectativa de abundancia.

Segundo, disfrute de las bendiciones de Dios en su vida sea cual sea la forma en que estén. Yo antes me sentía incómodo, hasta avergonzado, cuando se manifestaban bendiciones evidentes en mi vida. Casi me sentía culpable por aceptar las cosas que Dios claramente decidía regalarme. Sin embargo, he llegado a comprender que Dios se complace al vernos disfrutar de Su abundante provisión siempre y cuando honramos la tercera respuesta.

Tercero, practique la administración sabia de la abundancia que ha recibido. Tenemos que reconocer a Dios como el dueño de todo lo que somos y tenemos que saber que tenemos la responsabilidad de administrar Sus recursos sabiamente. Tenemos que estar dispuestos a ofrecérselo todo para que Él lo use como quiera. Me encanta cómo las Escrituras nos dicen, por ejemplo, que la práctica del diezmo enseña «a poner a Dios siempre en el primer lugar de tu vida» Hay algo singular acerca de cómo el diezmar fielmente y dar con generosidad nos ayuda a mantener una perspectiva correcta sobre la abundancia que tenemos. Tenemos que usar nuestros recursos para hacer avanzar el Reino de Dios en la tierra, incluyendo ayudar a que los «que no tienen» pasen a ser de «los que sí tienen» de múltiples maneras.

Pablo desafió a su joven pastor protegido, Timoteo:

> A los ricos de este mundo, mándales que no sean arrogantes ni pongan su esperanza en las riquezas... sino en Dios. Él nos provee de todo en abundancia para que lo disfrutemos. 18 Mándales que hagan el bien, que sean ricos en buenas obras, generosos y dispuestos a compartir... De este modo, atesorarán para sí un seguro fundamento para el futuro y obtendrán la vida verdadera.

Finalmente, se nos da la abundancia para aprovechar los recursos y ganar algo infinitamente más importante que el dinero y las cosas materiales. Sin embargo, esto no significa que no debamos esperar la abundancia. Simplemente significa que, cuando llegue, podremos compartirla y multiplicarla con propósitos eternos. Esto —esperar y vivir con abundancia— es intrínseco a vivir en shalom, y shalom es sin duda lo que Dios pretende para usted.

Pregunta de reflexión

¿Necesita enfocarse más en cultivar la anticipación de la abundancia, el disfrute de la abundancia o la administración sabia de lo que ya tiene? ¿O tal vez algo de las tres cosas?

catorce

Cultive El Ver

El psicólogo cognitivo Daniel Simons ha estudiado extensamente el fenómeno llamado «ceguera de falta de atención sostenida». Ha comprobado que nos resulta difícil ver, incluso las cosas que tenemos justo delante de nosotros, a menos que elijamos ver, a menos que nos enfoquemos. En un experimento bien conocido, filmó a dos equipos, uno en camisas blancas y el otro en camisas negras, que se pasaban la pelota de un lado al otro. Luego le pidió a un grupo que formaba parte del experimento que vieran el video y contaran las veces que el equipo blanco pasaba la pelota. Yo he puesto un video similar para grandes públicos y les he pedido que cuenten de semejante manera, y la mayoría de las personas cuentan y luego gritan la cantidad correcta. Lo que casi nadie ve, sin embargo, y es consistente con los experimentos de Simons, es a una persona que porta disfraz de oso que entra en medio de la acción, baila un poco y luego se va. Cuando luego se le dice a la gente en qué se deben fijar y luego se les pone de nuevo el video, se escucha un gran coro de expresiones de sorpresa. Casi todos quedan mistificados que la primera vez no vieron al oso muy prominente bailar.

Me llama la atención que Dios haya orquestado la vida para que muchos elementos cruciales, cosas mucho más importantes que los gorilas que se golpean el pecho, eludan nuestra atención si no nos enfocamos correctamente. Resulta intrigante que Jesús enseñara a sus discípulos que había verdades que ocultaba deliberadamente de las personas que no estaban hambrientas de ellas y que no estaban dispuestas a prestarles mucha atención. Alrededor del 35% de Sus enseñanzas se ofrecieron en forma de parábolas, las cuales eran a menudo enigmáticas y difíciles de comprender. Cuando Sus discípulos le preguntaron por qué contaba tantas parábolas, dijo: «Por eso les hablo a ellos en parábola: Aunque miren, no vean; aunque oigan, no escuchen ni entiendan... Pero dichosos los ojos de ustedes porque ven y sus oídos porque oyen». Jesús contaba parábolas para revelar la verdad a quienes la buscaban genuinamente y dedicaban sus corazones y mentes a un enfoque concentrado, y para ocultar la verdad a quienes no lo hacían.

Una de las mayores bendiciones que podemos llegar a tener es el don de ojos que disciernen y oídos atentos que claramente ven, oyen y comprenden. Así como Malcolm Muggeridge astutamente observó: «Todas las cosas que ocurren, sean grandes o pequeñas, son parábolas a través de las cuales Dios habla, el arte de la vida es captar el mensaje».

Mi objetivo en este capítulo es ayudarnos a prestar atención, a verdaderamente ver, oír y captar con todo nuestro corazón, todas las cosas buenas que están presentes en nuestras vidas, independientemente de nuestras circunstancias singulares, y para recordarnos de la relación sinérgica de la gratitud y la paz. Necesitamos enfocarnos en nuestras bendiciones y contarlas para que podamos experimentar paz ahora y más paz en nuestro futuro.

Pablo articuló esto de una forma bella en su carta a los filipenses. Animó a sus lectores a lo siguiente: «Díganle a Dios lo que necesitan y denle gracias por todo lo que él ha hecho. Así experimentarán la paz de Dios, que supera todo lo que podemos entender». Él luego comparte un secreto a esta fórmula para la paz. Dice que nos enfoquemos en las bendiciones que están en todo nuestro derredor, danzando como si estuvieran justo en frente de nosotros. Esas son mis propias palabras, por supuesto. Aquí están las de él: «Concéntrense en todo lo que es verdadero, todo lo honorable, todo lo justo, todo lo puro, todo lo bello y todo lo admirable. Piensen en cosas excelentes y dignas de alabanza». Un poco más adelante dice: «He aprendido a estar satisfecho en cualquier situación en que me encuentre. Sé lo que es vivir en la pobreza y lo que es vivir en la abundancia».

Posiblemente recuerde que Pablo escribió esto cuando estaba en la prisión, e hizo saber en esta carta que se quería salir ya de la prisión. Por favor, tomen nota: Pablo no estaba contento de estar en la prisión, pero estaba contento en la prisión. Reconoció que tenía una necesidad y tenía la esperanza de que las cosas mejoraran, sin embargo, se estaba enfocando en aquellas cosas por las cuales estar agradecido.

Necesitamos buscar todas las evidencias de shalom que podamos encontrar en nuestras vidas y en el mundo en nuestro derredor, y necesitamos apuntarlas, enfocar nuestra atención en ellas, y decir: «Veo paz allí. Posiblemente no vea paz en todas partes y tampoco he visto a todas las potencialidades de shalom manifestarse totalmente en mi vida, pero veo una evidencia de ella allí y allá y veo más allá». En nuestra búsqueda por más vida según la intención de Dios, intencionalmente tenemos que buscar y ser agradecidos por cada cosa buena que ya tenemos.

A veces tenemos que trabajar duro para lograr esto. A mi esposa, Sharon, su familia y amigos le dicen cariñosamente que es alguien «de voz baja». Podemos estar juntos manejando por la carretera, yo al volante y ella en el asiento del pasajero, y ella puede estar hablando sin parar y yo no oír ni una palabra. Esto juega a mi favor cuando ella no está contenta conmigo por algo, lo cual sí ocurre de vez en cuando. Pero, obviamente, para tener una relación sana, necesito oír lo que ella está diciendo. Así que, normalmente, varias veces al día, le pido que repita lo que ha dicho, pero en voz más alta, y me inclino para escucharla detenidamente. Hace algún tiempo, empezó a decirme: «Creo que necesitas que te revisen la audición». Después de algún tiempo, lo hice a regañadientes, solo para descubrir que tengo una pérdida auditiva bastante significativa a «nivel conversacional». Creo que Sharon me dijo: «Te lo dije», pero tengo una discapacidad auditiva, así que no estoy seguro. Aquí estamos, después de más de cuarenta años de matrimonio, ella de voz baja y yo que apenas oigo». Lo único que puedo hacer, porque la quiero mucho, es inclinarme, enfocarme y escuchar con más atención.

He escuchado que cuando no oímos a Dios hablarnos, Él no sube el volumen. Nos pide que reduzcamos el ruido en nuestras vidas y prestemos atención. Dios nos está ayudando a ver con nuestros ojos, oír con nuestros oídos, y comprender con nuestros corazones. Especialmente cuando se trata de nuestra necesidad de enfocarnos en las bendiciones de Dios que ya tenemos en nuestras vidas.

En una novela de Juan Kenney que se desarrolla en Nueva York hay diálogo encantador que me gusta mucho. El personaje principal y narrador, Fin, le dice a Phoebe, la mujer que ama: «Una cosa hermosa», y luego explica al lector, «Es algo que hacemos. Cada día —bueno, la mayoría de los días— tenemos que describir algo hermoso que vimos ese día, una interacción humana hermosa». Phoebe cuenta de una bella interacción que vio ese día entre dos personas en el metro. Fin, sin embargo, cansado después de un día difícil en el entorno empresarial despiadado de Nueva York dice: «No se me ocurre nada». Phoebe le replica suavemente: «Así no es el juego. El juego es que cada día ocurre al menos una cosa hermosa... Piense con más ganas».

Querido lector, si estamos luchando para encontrar señales de shalom en nuestras vidas, necesitamos inclinarnos, escuchar atentamente, observar con más atención y pensar con más detenimiento. Existe belleza en todo nuestro alrededor. Fije su atención en lo que es verdadero, todo lo honorable, todo lo justo, todo lo puro, todo lo bello y todo lo admirable. Piensen en cosas excelentes y dignas de alabanza. Esas cosas en todo su alrededor. Enfóquese, y verá estas cosas buenas y más danzando delante de usted, diciendo: «Míreme. Escúcheme. Piense en mí». Más paz está en el horizonte, pero muchas señales de paz ya están allí, se solo prestamos atención.

Pregunta de reflexión

Si se enfoca ahora mismo, ¿puede ver una bendición en su vida que posiblemente no haya visto antes y expresar gratitud por ella?

NOTAS SECCCIÓN 2

CAPÍTULO 8: CULTIVE EL PARAÍSO

Paraíso ... santuario de deleite y belleza: Jon Meacham, *The Hope of Glory: Reflections on the Last Words of Jesus on the Cross* (New York: Convergent Books, 2020), 52.

Comer del Árbol de la Vida: Vea Apocalipsis 2:7

«Hoy estarás conmigo en el paraíso»: Lucas 23:43

«Para cultivarlo y cuidarlo»: Génesis 2:15

«Hemos de ser jardineros»: Keller, *Every Good Endeavor*, 47.

«Mentalidad de crecimiento»: Carol S. Dweck, *Mindset: The New Psychology of Success* (New York: Ballantine Books, 2016), 6–7.

«A la medida de la estatura de la plenitud en Cristo»: Efesios 4:13

«Esfuércense al máximo por responder a las promesas»: 2 Pedro 1:5, 8 NTV

A veces hacía cosas malas que no quería hacer: Ver Romanos 7:14–20

«No tengo nada que ocultarle»: Barry Singer, «The Art of Being Winston Churchill: Nothing to Conceal», Churchill Style, *Churchill Bulletin*, no. 162, 28 de noviembre, 2021, https://winstonchurchill.org/publications/churchill-bulletin/bullertin-162-dec-2021/churchill-style-32.

«Tenemos que poner delante de Él lo que hay en nosotros»: *Letters to Malcolm* by CS Lewis © copyright 1963, 1964 CS Lewis Pte Ltd. Extract reprinted with permission.

«Oh Señor, perdona mis pecados, que son muchos»: Salmo 25:11 NTV

«Transformados a su semejanza»: 2 Corintios 3:18

«Eres un árbol replantado en Edén»: Salmo 1:3 MSG (TRAD. DEL INGLÉS)

CAPÍTULO 9: AMOR INCONMENSURABLE - DIOS INCONMENSURABLE

«Vara de oro para medir»: Apocalipsis n 21:15–17 NTV

«La revelación de Dios a nosotros»: Beth Felker Jones, *Practicing Christian Doctrine: An Introduction to Thinking and Living Theologically*, 2nd ed. (Grand Rapids, MI: Baker Academic, 2023), 32.

«Nadie ha visto jamás a Dios»: Juan 1:18 NTV

«Echarán raíces profundas»: Efesios 3:17–19 NTV

Nacieron gemelas doce semanas prematuras: Nancy Sheehan, «A Sister's Helping Hand: Who Can Measure the Special Bond of Twins?», *Reader's Digest*, May 1996, 155–156.

«Porque de tal manera amó Dios al mundo»: Juan 3:16 NBLA

No le avergonzaba llamarnos Sus hermanos y hermanas: Ver Hebreos 2:11

«El discípulo a quien Jesús amaba»: Juan 13:23

CAPÍTULO 10: EL AFECTO DEL PADRE

Algunos pensamientos en este capítulo fueron inspirados por Kelly M. Kapic, *You're Only Human: How Your Limits Reflect God's Design and Why That's Good News* (Grand Rapids, MI: Brazos Press, 2022).

Brennan Manning cuenta la historia enternecedora: Brennan Manning, *The Wisdom of Tenderness: What Happens When God's Fierce Mercy Transforms Our Lives* (New York: HarperCollins Publishers, 2004), 25–26.

«Qué preciosos son tus pensamientos acerca de mí, oh Dios»: Salmo 139:17 NTV

«Gracias por hacerme tan maravillosamente complejo»: Salmo 139:14 NTV

«He sido crucificado con Cristo»: Gálatas 2:20

«Dios decidió de antemano»: Efesios 1:5 NTV

A través de la obra del Espíritu Santo: Ver Gálatas 5:22–23

«Se deleitará en ti con alegría»: Sofonías 3:17 NTV

CAPÍTULO 11:SIN FALTA, TENGA FE

«Nuestra capacidad inagotable de autodesprecio»: Quoted by Richard Rohr, *Breathing Under Water: Spirituality and the Twelve Steps* (Cincinnati, OH: Franciscan Media, 2021), 19.

«El intelectual público de mayor influencia»: *New York Times*, praise for Jordan B. Peterson, *12 Rules for Life: An Antidote to Chaos* (Toronto, CA: Random House, 2018), front of dust jacket.

«Ahora tiene la respuesta»: Peterson, *12 Rules for Life*, 53.

«No es virtuoso dejarse victimizar por un abusón»: Peterson, *12 Rules for Life*, 59.

««Así que, hermanos, mediante la sangre de Jesús, tenemos confianza para entrar en el Lugar Santísimo»: Hebreos 10:19–22

«La vergüenza es el sentimiento intensamente dolorosa ... indignos de ser aceptados y de pertenecer»: Brené Brown, *I Thought It Was Just Me (But It Isn't): Making the Journey from «What Will People Think» to «I Am Enough»* (New York: Avery, 2007), 5.

«La culpa es tan poderosa como la vergüenza»: Brené Brown, *Daring Greatly: How the Courage to Be Vulnerable Transforms the Way We Live, Love, Parent, and Lead* (New York: Avery, 2012), 71–72.

«Ya que hemos sido justificados mediante la fe»: Romanos 5:1

Las personas nacen de nuevo: Ver Mateo 13:23

El divino poder de Dios «nos ha concedido todas las cosas que necesitamos» : 2 Peter 1:3–4

CAPÍTULO 12: RECETA PARA LA ANSIEDAD

«En un encuesta federal reciente»: Julie Wernau and Andrea Peterson, «The Booming Business of American Anxiety», *Wall Street Journal*, August 21, 2023, https://www.wsj.com/health/wellness/anxiety-mental-health-treatment-supplements-ca4a7fc.

«Por nada estés afanosos»: Filipenses 4:6–7 NBLA

«La preocupación no funciona muy bien»: Daniel Goleman, *Emotional Intelligence: Why It Can Matter More Than IQ* (New York: Bantam Dell, 2006), 67.

Los ansiosos cangrejos de río: James Gorman, «What to Do When Crawdad Grows Anxious», *New York Times*, June 13, 2014, https://www.nytimes.com/2014/06/13/science/even-crayfish-can-get-anxious.html.

«Atraer en diferentes direcciones» ... «una preocupación ansiosa»...«una preocupación que distrae»: W. E. Vine, *Vine's Complete Expository Dictionary of Old and New Testament Words* (Nashville: Thomas Nelson, 1996), s.v. «care», 89.

Jesús, en una ocasión, amorosamente corrigió a Marta: Ver Lucas 10:38–41

«A las montañas levanto mis ojos»: Salmo 121:1–3

«Levanto mis ojos a ti»: Salmo 123:1 NBLA

El famoso equilibrista Karl Wallenda: Les Parrott III, *Counseling and Psychotherapy* (New York: McGraw Hill, 1997), 24.

«El Señor es quien te cuida»: Salmo 121:3

El 90% de directores ejecutivos: : Arthur C. Brooks, *From Strength to Strength: Finding Success, Happiness, and Deep Purpose in the Second Half of Life* (New York: Portfolio/Penguin, 2022), 57.

«El Señor… de todo mal guardará tu vida»: Salmo 121:7–8

«Depositen en él toda ansiedad»: 1 Peter 5:7

CAPÍTULO 13: ESPERE ABUNDANCIA

«Sé lo que es vivir en pobreza»: Filipenses 4:12

Shalom para los que «no tienen» y shalom para los que «sí tienen»: Brueggemann, *Peace*, 25–36.

«Ciertamente he visto»: Éxodo 3:7–8

«Trabajen por la paz y la prosperidad»: Jeremías 29:7–11

«Busquen la paz y prosperidad donde les envié»: Author's translation, with some wording from Brueggemann, *Peace*, 22.

El suelo del huerto: David Chilton, *Paradise Restored: A Biblical Theology of Dominion* (Horn Lake, MS: Dominion Press, 1985), 33. Ver también Génesis 2:12 and Ezequiel 28:16

Ezequiel menciona caminar sobre piedras de fuego en Edén: Ver Ezequiel 28:13–14

«Piedras de turquesa»: Isaías 54:11–12

«Poner a Dios siempre en el primer lugar de tu vida»: Deuteronomio 14:23 NBV

«A los ricos de este mundo»: 1 Timoteo 6:17–19

CAPÍTULO 14: CULTIVE EL VER

«Ceguera de falta de atención»: Daniel J. Simons, Christopher F. Chabris, «Gorillas in Our Midst: Sustained Inattentional Blindness for Dynamic Events», *Perception* 28, no. 9 (Septiembre 1999).

El oso muy prominente: «Inattentional Blindness—How Many Passes», Transport for London commercial, posted on YouTube by Kiara Nelson, March 3, 2011, https://www.youtube.com/watch?v=z-Dg-06nrnc.

«Por eso les hablo a ellos en parábolas»: Mateo 13:13–16

«Todas las cosas que ocurren, sean grandes o pequeñas»: Malcolm Muggeridge, quoted by Ken Gire, *Windows of the Soul: Hearing God in Everyday Moments of Your Life* (Grand Rapids, MI: Zondervan, 1996), 57.

«Díganle a Dios lo que necesitan»: Filipenses 4:6–7 NTV

«Concéntrense en todo lo que es verdadero»: Filipenses 4:8 NTV

«He aprendido a estar satisfecho en cualquier situación en que me encuentre». Filipenses 4:11–12 NVI

«Piense con más ganas»: Juan Kenney, *Truth in Advertising* (New York: Touchstone, 2013), 50–51.

SECCIÓN 3

ARMONICE

quince

Campamento Unidad

Una obra biográfica que me ha impactado mucho es *Faith of My Fathers* («Fe de mis padres»), la biografía del fallecido senador de los Estados Unidos, John McCain. Es la historia de lo que él aprendió de su padre y abuelo, quienes ascendieron al rango de almirante de cuatro estrellas en la Marina de los Estados Unidos, y la historia de lo que aprendió como prisionero de guerra en Vietnam. Como aviador naval, el avión de McCain fue derribado sobre Hanoi en 1967. Quedó gravemente herido y fue tomado cautivo. Cuando sus captores vietnamitas se dieron cuenta de que era hijo de un alto comandante, le ofrecieron una liberación temprana con fines de propaganda. Él rehusó. McCain fue entonces encarcelado durante cinco años y medio, torturado con frecuencia y aislado durante gran parte de este tiempo en confinamiento solitario. Sufrió enormemente durante esos años, pero fue el aislamiento lo que pareció afectarle más.

Escribió con elegancia acerca de cómo aprendió que necesitaba «formar parte de una fraternidad» y que «el sonido de la voz humana... era un emblema de humanidad para un hombre recluido durante mucho tiempo en confinamiento solitario».

El senador McCain relata conmovedoramente cómo la Navidad de 1970 fue el evento más atesorado de su encarcelamiento. Él y otros 350 prisioneros de guerra fueron trasladados juntos a una zona que llamaron Campamento Unidad. Muchos de ellos, como él, eran resistentes heroicos, valientes más allá de las palabras, pero ahora sabían, por muy duros que fueran cada uno, lo desesperadamente que se necesitaban los unos a los otros.

> Rebosábamos de alegría por estar en mutua compañía... Si usted nunca ha estado privado de libertad en soledad, no puede saber qué alegría inefable se experimenta en la compañía abierta de otros seres humanos . . ni uno solo durmió. Hablamos toda la noche y hasta bien entrado el día siguiente.... Ninguna otra experiencia en mi vida podría replicar mi primera noche en el Campamento Unidad, y el sentimiento de alivio que me invadió por estar viviendo entre mis amigos. He vivido muchos años felices desde entonces, y soy un hombre bendecido y contento. Pero nunca volveré a experimentar la felicidad suprema que sentí mi cuarta Navidad en Hanoi.

Tuve la oportunidad de conocer al senador McCain en sus últimos años. Pude decirle lo mucho que estas palabras significan para mí y cómo he usado esta historia para comunicar la profunda necesidad que todos tenemos de vivir en comunidad unidos en una relación de amor con otros seres humanos.

Agachó humildemente la cabeza y me agradeció amablemente mis palabras. Al entrar a esta próxima sección, reflexionemos sobre nuestra necesidad de habitar en un lugar llamado «Campamento Unidad».

El salmista capta perfectamente este sentimiento. «¡Cuán bueno y cuán agradable es que los hermanos convivan en armonía!... Ciertamente allí el Señor envía su bendición, vida para siempre». La armonía entre las personas es integral a la promesa de shalom. A través de la obra redentora de Jesús, no solo hemos sido restaurados a la paz con Dios, sino que también hemos sido restaurados a la paz unos con otros. Y esta paz entre unos y otros es mucho más que la ausencia de conflictos, aunque quizá ese sea un buen punto de partida. Esta paz ofrece todo el espectro de posibilidades singulares de las relaciones armoniosas; amor, alegría y profunda satisfacción que solo pueden realizarse cuando nuestras relaciones se alinean con el diseño previsto por Dios.

Cornelius Plantinga caracteriza las polifacéticas posibilidades dentro de shalom como «el entretejido de Dios, y los seres humanos, y toda la creación en justicia, realización y deleite». Recordemos que la paz que Dios da es el funcionamiento armonioso de todo junto de la manera en que Dios lo quiso en un principio, y esto incluye las relaciones entre la gente y los pueblos. Imaginemos un mundo en el que shalom define todas las relaciones. Algún día esta será la realidad absoluta, y debemos esperar una medida cada vez mayor de esta realidad ahora. Amy Sherman escribe que en el Reino consumado, en la era venidera, «Experimentaremos una unidad profunda, rica y satisfactoria en la diversidad con otras personas. Experimentaremos paz y armonía como miembros ricamente diversos del cuerpo de Cristo procedentes de cada "'nación, tribu, pueblo y lengua''... Esta unidad se expresará en paz». Y sí, de nuevo, lo que Dios quería al principio y tendrá al final debe informar acerca de cómo vivimos nuestras vidas ahora. Saber esto nos debe hacer estar intransigentemente insatisfechos con cualquier falta de armonía en cualquiera de nuestras relaciones.

La paz que Jesús trae mueve la relaciones aun más hostiles a conexiones humanas de promesa infinita. Hay un pasaje que define paradigmas en el segundo capítulo de Efesios que irradia alegría por el milagro obrado por el shalom en las relaciones históricamente irreparables entre razas. En este caso, los grupos en conflicto son los judíos y los gentiles. Es difícil comprender la profunda animosidad que estos dos grupos sentían el uno por el otro en el contexto del primer siglo. La masa de los gentiles odiaba a los judíos, y los judíos miraban con desdén a los gentiles, hasta el punto de mantenerlos fuera de los atrios interiores de su templo con una pared divisoria en la que se exhibían avisos de advertencia que «decían, en efecto, no «Los infractores serán procesados», sino «Los infractores serán ejecutados». Entonces llega Jesús, a quien nuestro pasaje identifica como «nuestra paz» —(¡Él es nuestro shalom!)— y predica la paz, diciendo, en efecto, «así no es como deben ser las cosas», razón por la cual Pablo puede regocijarse en un nuevo acuerdo radical entre pueblos hasta entonces irreconciliablemente enemistados. A los efesios gentiles les escribe,

> Pero ahora en Cristo Jesús, a ustedes que antes estaban lejos, Dios los ha acercado mediante la sangre de Cristo. Porque Cristo es nuestra paz: de los dos pueblos ha hecho uno solo, derribando

> mediante su sacrificio el muro de enemistad que nos separaba... Esto lo hizo para crear en sí mismo de los dos pueblos una nueva humanidad al hacer la paz... Él vino y proclamó paz a ustedes que estaban lejos y paz a los que estaban cerca.

Los judíos y los gentiles que creen en Jesús no meramente ya no son enemigos, sino que ahora son una nueva humanidad. Estos dos pueblos tienen ahora el mismo ADN espiritual, y el parentesco entre estos dos grupos trasciende todas y cada una de las diferencias. Pablo continúa diciendo: «Por lo tanto, ustedes ya no son extraños ni extranjeros, sino conciudadanos del pueblo elegido y miembros de la familia de Dios». No solo no están en guerra unos con otros, sino que son ciudadanos del mismo Reino y hermanos de la misma familia. Han pasado de campos de hostilidad opuestos a vivir juntos en el Campamento Unidad.

Esta es la promesa de la paz que trae Jesús. ¿Qué puede significar esto para usted? ¿Tiene usted alguna relación dividida u hostil? ¿Tiene diferencias aparentemente irreconciliables con su cónyuge? ¿Está distanciado de alguno de sus hijos? ¿Hay algún conflicto que no consigue resolver en el trabajo? ¿Hay un punto doloroso sin resolver en una amistad? ¿Hay discordia en su iglesia? Si está afrontando algo así, lo siento y a la vez tengo esperanza. Jesús vino a traer armonía en las relaciones.

Imagine la relación fracturada como sana e íntegra. ¿Qué aspecto tendría? Imagínese encontrando alegría en la presencia de la otra persona. Imagínese manteniendo una conversación larga y significativa con la otra parte. Visualice trabajando juntos en un esfuerzo unificado de resolver el conflicto. Estas y muchas otras bendiciones infinitas ofrecen un vistazo de cómo es la paz en las relaciones: una paz que todo lo abarca y que Dios tiene para mí y para usted.

Pregunta de reflexión

¿ Puede usted identificar una relación en la que esté experimentando desarmonía? ¿Qué aspecto tendría si la paz que da el Señor se convirtiera en la realidad en esta situación?

dieciséis

Abba Shalom

La historia de Absalón y su padre, David, casi siempre me hace llorar. Digo esto como miembro certificado del club «Casi nunca lloro». Recordamos a Absalón por su rebelión, pero nos olvidamos de recordar las heridas profundas relacionales que se infectaron hasta llegar a ser trágica traición. Esta triste saga tenía sus raíces infecciosas en la violación atroz de la hermana de Absalón, Tamar, por su medio hermano, Amnon, hijo de David. «El rey David, al enterarse de todo lo que había pasado, se enfureció». Sin embargo, no confrontó ni castigó a Amnón, ni proporcionó cuidado postraumático a Tamar. Absalón, sin embargo, inmediatamente llevó a su hermana devastada a vivir con él en su propio hogar. Dos años después, cuando su padre y rey aún no habían hecho justicia, Absalón tomó el asunto en sus propias manos y vengó lo sucedido a Tamar matando a Amnón.

Absalón entonces fue exiliado a un lugar muy lejos de donde vivían su padre y familia en Jerusalén. Las Escrituras dicen que, «el rey extrañaba mucho a Absalón», pero pasaron tres largos años durante los cuales David no hizo ningún esfuerzo para conectarse con su hijo. Fue necesario que un mediador, Joab, hiciera arreglos para que una mujer sabia confrontara a David y causar que recapacitara por abandonar a su hijo desolado. «No deja regresar a su hijo desterrado... Pero Dios no nos arrebata la vida, sino que provee los medios para que el desterrado no siga separado de él para siempre». Solo fue entonces que David permitió que Absalón regresara a Jerusalén, pero aun entonces no permitió que estuviera en su presencia por dos años solitarios más. Absalón persistentemente buscó la reconciliación y eventualmente actuó de maneras dañinas para captar la atención de David, prendiendo fuego a los campos de Joab. Finalmente, a través de la intervención de Joab, David «mandó llamar a Absalón, quien se presentó ante el rey, hizo una reverencia y se postró rostro en tierra. A su vez, el rey recibió a Absalón con un beso».

Pero el beso fue demasiado tarde. La disfunción familiar y la negligencia cancerosa estallaron en rebelión total. Cuatro años después del beso demasiado tarde de David, Absalón se robó el corazón de la gente y encabezó una insurrección de la cual David tuvo que huir. Durante la guerra civil que siguió, Absalón fue asesinado. La desesperación de David, que ganó la guerra pero perdió un hijo, es desgarradora: «El rey se estremeció... lloraba... «¡Ay, Absalón, hijo mío! ¡Hijo mío, Absalón, hijo mío! ¡Ojalá hubiera muerto yo en tu lugar! ¡Ay, Absalón, hijo mío, hijo mío!».

Pero, por supuesto, David no necesitaba haber muerto por Absalón, solo necesitaba haberlo besado antes. Debió haber ideado una manera de sacar a su hijo del destierro. Debió haber corrido a reconciliarse, incluso si la reconciliación hubiera incluido un castigo por el mal que Absalón le había hecho. Pero el ignorar problemas que se debieron haber tratado rápidamente, la distancia, el aislamiento, el tiempo transcurrido, todos son los errores que condujeron a un final relacional perdedor e irreparable.

Providencialmente, creo, el nombre de Absalón es una combinación de dos palabras hebreas familiares: abba o padre, y shalom o paz. Todo lo que Absalón anhelaba, al menos al principio, era la paz con su padre. Solo quería que su relación funcionara armoniosamente de la manera en que Dios diseñó que funcionara una relación entre un padre y un hijo. Absalón no empezó siendo rebelde. La rebelión surgió de una relación que no fue atendida correctamente. Absalón cometió graves errores, pero un amor asertivo por parte de David podría haber marcado toda la diferencia del mundo.

Esto me trae a la mente el pasaje en Hebreos que nos dice: «Esfuércense por vivir en paz con todos... Cuídense unos a otros, para que ninguno de ustedes deje de recibir la gracia de Dios. Tengan cuidado de que no brote ninguna raíz venenosa de amargura, la cual los trastorne a ustedes y envenene a muchos». Cuando no obramos asertivamente para asegurarnos de que haya paz en nuestras relaciones, nos perdemos la gracia de Dios y creamos ambientes tóxicos propicios para el crecimiento de raíces de amargura. Las raíces de amargura producen elecciones amargas las cuales producen fruto amargo y lágrimas amargas. Este pasaje luego menciona a Esaú, cuya relación con su hermano Jacob, cuya relación disfuncional con su hermano Jacob, el suplantador, el hijo de mami y el tramposo, fomentó un ambiente tan viciado que Esaú cambió imprudentemente la bendición por un plato de lentejas. Y «cuando quiso heredar esa bendición... No se le dio lugar para el arrepentimiento, aunque con lágrimas buscó la bendición». Esta es la clase de cosas que suceden cuando no hacemos todo lo posible por lograr shalom en nuestras relaciones.

Le imploro a hacer un inventario de sus relaciones personales hoy mismo. ¿Hay alguien en su vida con quien necesita esforzarse para lograr la paz? ¿Siente que las raíces de amargura están creciendo dentro de usted? ¿Sospecha que alguien pueda tener raíces de amargura crecientes hacia usted? Corra, no camine, a hacer lo que tenga que hacer y pueda hacer para hacer la paz. Usted tiene que idear una manera para que el shalom defina sus relaciones.

El resentimiento es el resultado de heridas relacionales que no se han tratado. Si no tenemos cuidado, el resentimiento se convertirá en ira que llega al punto de hervor. Nos inmunizamos contra el resentimiento y sus síntomas cuando afrontamos las ofensas de forma proactiva y no permitimos que persistan el paso del tiempo y la desconexión. El resentimiento nos aprisiona en la falta de perdón. Cuando buscamos el perdón, o cuando perdonamos, nos liberamos a nosotros mismos y a otros.

Así que primero, busque el perdón. Esta es una acción que todos podemos tomar. Me pregunto cómo se habría alterado la narrativa de Absalón si desde el principio David hubiera pedido perdón a sus hijos por su contribución en generar un ambiente en el que los miembros de la familia podían herirse unos a otros de maneras tan terribles. Eso no quiere decir que los que fueron tan injuriosos no fueran culpables y no necesitaran ser tratados de forma justa. Pero a veces necesitamos reconocer aquellas cosas de las cuales somos responsables para poner de nuestra parte en hacer la paz. Luego están aquellas cosas en las que claramente estamos mal. Tenemos que apresurarnos a decir: «Lo siento mucho».

También tenemos que apresurarnos a decir: «Te perdono». Esto es especialmente cierto en las pequeñas heridas cotidianas que se acumulan en las vicisitudes de las interacciones humanas. Alguien dijo que el mayor don de Winston Churchill en su relación salvadora del mundo con el frecuentemente insensible Franklin Roosevelt fue «la magnanimidad... [su] habilidad para pasar por alto los desaires y perdonar pecados». A veces solo necesitamos perdonar con facilidad.

Luego están las cosas grandes, las cosas profundamente hirientes que son terriblemente difíciles de perdonar. Tengo un amigo que lleva muchos años de recuperación exitosa del alcoholismo y la drogadicción. Un momento decisivo para él fue cuando perdonó a su padre por cosas terribles que había hecho, mucho después de que su padre hubiera muerto. Dijo que se dio cuenta de que su padre estaba tan perdido como él, le escribió una carta de perdón y luego la quemó. Mi amigo dijo que ese acto de perdón lo liberó.

En su maravilloso libro *A Hunger for Healing*, J. Keith Miller escribió:

> El perdón en este sentido significa simplemente que soltamos nuestra necesidad de castigar, de vengarnos, de hacer que la otra persona nos pida perdón o haga cualquier cosa. Renunciamos a

nuestra necesidad de seguir dolidos o enojados por lo que hicieron. En resumen, superamos el incidente y lo descartamos como un problema que se está interponiendo entre nosotros y la otra persona. Esto de perdonar a otros es difícil.

Esto no significa que ignoramos o minimizamos la ofensa o que no pasamos por un proceso para resolver las consecuencias relacionales. Pero sí significa que perdonamos. Cuando hacemos lo que podemos por tener paz en todas nuestras relaciones, nos aseguramos de que la mayoría de las historias de nuestras relaciones tendrán finales alegres. No se demore: haga todo lo posible por la paz hoy mismo.

Pregunta de reflexión

¿Quién es alguien a quien necesita apresurarse a perdonar? ¿Quién es alguien a quien necesita apresurarse a pedir perdón? Empiece hoy mismo.

diecisiete

Vuelva A Confiar

Sospecho que todos intuimos que existe un vínculo intrínseco entre la confianza y la paz. Para que las relaciones funcionen armoniosamente tiene que haber una abundancia de confianza. Esto sin duda es cierto en nuestra relación con Dios. Isaías escribió: «Al de carácter firme lo guardarás en perfecta paz, porque en ti confía» y Pablo oró: «Le pido a Dios, fuente de esperanza, que los llene completamente de alegría y paz, porque confían en él». Cuanto más profunda sea nuestra confianza en Dios, más profunda será nuestra paz. Es lógico, pues, que cuanto más podamos confiar en las personas, más paz podremos disfrutar nosotros y ellas.

Una definición de la palabra *confianza* es «ser despreocupado». Significa despreocuparse o tener menos preocupaciones. El psicólogo Juan Townsend enseña que si usted está en relaciones infundidas de confianza, «se siente libre con alguien; no se tiene que editar a sí mismo, vigilar lo que dice o caminar sobre cáscaras de huevo». En lugar de eso, usted «abre una parte vulnerable de sí mismo... sin cuestionarse ni preocuparse por una posible traición». Este tipo de confianza es esencial para que las relaciones florezcan de verdad. El amor «siempre confía».

En la administración de organizaciones, la confianza es un conocido elevador del desempeño, que multiplica los resultados positivos en y desde todos los entornos organizacionales imaginables. Por el contrario, el consultor empresarial Patrick Lencioni identifica la falta de confianza como la disfunción fundacional de los equipos disfuncionales. Stephen M. R. Covey predica que una «confianza elevada» en las organizaciones, y en cualquier otro tipo de relación, cambia todo para bien. «Sustenta y afecta la calidad de cada relación, de cada comunicación, de cada proyecto de trabajo, de cada iniciativa empresarial, de cada esfuerzo en el cual estamos comprometidos. Cambia la calidad de cada momento presente y altera la trayectoria y el resultado de cada momento futuro de nuestras vidas». Sin embargo, saber esto no es suficiente. Tenemos de hecho que fomentar relaciones de confianza en cada área de nuestras vidas. Aunque es más fácil decirlo que hacerlo, ¿verdad?

Jesús mismo tuvo relaciones clave en las que pasó de poca confianza a mucha confianza con el paso del tiempo. Era sumamente cuidadoso en lugar de despreocupado cuando se trataba de decidir en quién podía confiar. En una instancia, aunque las personas creían en Él, Él «no confiaba en ellos... pues él conocía el interior del ser humano». En otra instancia, comunicó que no confiaba en sus propios hermanos porque sabía que querían causarle daño. En estos casos, Él estableció *límites protectores*.

Los límites protectores son diferentes de los límites definitorios. Los límites definitorios definen cosas como quién es usted, sus valores y el llamado de su vida, y nunca deben cambiar. Los límites protectores son barreras que usted erige para «proteger sus valores, emociones, dones, tiempo y energía de las personas y situaciones que pueden malgastarlos o herirlos». Cuanto mayor sea la confianza, más bajas necesitarán ser estas barreras. Así que Jesús no confiaba en sus hermanos, incluyendo a su hermano Santiago, al principio de su ministerio. Pero después de Su resurrección, Jesús se apareció a Santiago y este confesó su fe. Jesús acabó confiando tanto en él que Santiago se convirtió en un líder clave de la Iglesia de Jerusalén y en la voz más importante de la naciente Iglesia cristiana. Jesús pasó de una confianza mínima en Santiago a una confianza máxima a medida que Santiago creció en la fe y comprobó que era digno de confianza.

Yo he cometido el error de practicar la alta confianza en lo que más tarde aprendí que eran relaciones de baja confianza. Y sufrí graves daños. Debí haber levantado vallas protectoras que solo se ajustaban a medida que la confianza florecía con el tiempo. Sin embargo, sé que aunque he quedado herido, tengo que aceptar el riesgo de volver a confiar. Si shalom crece a medida que crece la confianza, tengo que seguir arriesgándome a confiar. Todos hemos sido heridos porque se ha roto nuestra confianza. Sin embargo, cerrarnos a las posibilidades relacionales positivas no es la solución. Tenemos que movernos con sabiduría de la preocupación a la despreocupación, manteniendo siempre la promesa de una mayor paz que surge cuando ampliamos la confianza.

Brené Brown ofrece una perspectiva enriquecedora en este contexto. Uno, «no soy partidaria de compartir en exceso, de la revelación indiscriminada como herramienta de liderazgo, ni de la vulnerabilidad por el simple hecho de ser vulnerable. Dos, no hay liderazgo audaz sin vulnerabilidad». Yo añadiría que no existe una auténtica conexión humana sin la vulnerabilidad apropiada. Sin embargo, cuando somos vulnerables, nos abrimos a la posibilidad de sufrir un doloroso desengaño. ¿Qué debemos hacer? Debemos practicar la confianza llena de fe en cada relación clave y estar dispuestos a invertir el tiempo necesario para que la confianza crezca. Pablo escribió que «Cristo se sentirá cada vez más en casa en sus corazones a medida que confíen en él». A medida que crezca la confianza, estaremos más y más a gusto con las personas de nuestra vida, y a medida que estemos más a gusto, nuestra confianza crecerá más y más. Y, por supuesto, nosotros tenemos que comprobar que somos dignos de confianza para que las personas que forman parte de nuestra vida también se sientan cada vez más a gusto con nosotros.

Quizá ha confiado en alguien y lamenta haberlo hecho. Un socio de negocios se marchó indebidamente y le causó perjuicios financieros. Un amigo le traicionó. Alguien a quien amaba le rompió el corazón. No desista de ampliar su círculo de confianza. Tiene que arriesgarse a confiar una y otra vez.

Me viene a la mente una historia divertida. Hace muchos años, yo estaba viendo un partido de los playoffs de la NBA en una tarde tranquila cuando un vecino llamó a nuestra puerta. Le dijo a mi esposa que un «pájaro» había entrado volando en su casa y le preguntó si le ayudaría a encontrarlo y sacarlo. No era raro que nuestro vecino —al que llamaré Jim— nos pidiera ayuda. A pesar de mis protestas —¡el juego!— Sharon me convenció de que amáramos a nuestro prójimo como a nosotros mismos y le sirviéramos de este modo.

Así que por alguna extraña razón, agarré una raqueta de tenis y caminamos con Jim en la oscuridad hasta su casa. Buscamos en todas las habitaciones —Jim agachado detrás de mi esposa— mientras yo dirigía la marcha. Pero no pudimos encontrar ningún pájaro invasor. Finalmente, mientras estábamos en la sala de estar, le expliqué que yo necesitaba ocuparme de algo en nuestra casa —¡el juego!— mientras Sharon causaba más problemas al asomarse por debajo de unas cortinas. Y colgando, boca abajo de la faldilla, había un murciélago. Un murciélago feo y de aspecto aterrador.

Jim corrió y agarró un aerosol para avispones. ¿Aerosol para avispones? Dijo: «Alcanza una larga distancia». Así que Sharon se colocó a larga distancia y roció el murciélago mientras yo permanecía de pie en medio de la habitación, raqueta en mano. El murciélago desplegó las alas de una extensión impresionante y voló como un misil guiado por radar directo hacia mi cabeza calva. Me di cuenta de que ahora estaba solo en la habitación, solo yo y un murciélago enojado. Me agaché y no me dio en la cabeza. Pero se dio la vuelta en pleno vuelo y volvió a atacar. Agité la raqueta con fuerza, un golpe de derecha, pero fallé y, desesperado, volví a lanzarme con rapidez, un golpe de revés. Esta vez, golpeé el murciélago y se estrelló contra la pared, y ahí se acabó todo. Apacigüé a mi esposa, me convertí en un héroe para un vecino y volví al juego.

Este es el asunto: Para conseguir lo que quiere y necesita, a veces solo tiene que volver a darle. Para mezclar metáforas, Babe Ruth tuvo 714 jonrones pero se ponchó 1.330 veces. Si usted quiere ganar, tiene que seguir bateando. Y cuando se trata del dolor, la pérdida y la traición que todos sufrimos en las relaciones, tenemos que estar dispuestos a intentarlo de nuevo, a no rendirnos y a arriesgarnos a sufrir el dolor y la pérdida una y otra vez. Con cuidado quizás, al principio. Pero tenemos que volver a tener cuidado y confianza. Para que ese tipo de confianza crezca, también lo hará la paz. Así que inténtelo y vuelva a confiar.

Pregunta de reflexión

¿Quién es alguien en quien necesita arriesgarse cuidadosamente a confiar de nuevo? ¿Qué acciones necesita tomar para extender confianza?

dieciocho

Las Relaciones Lo Son Todo

Estas palabras tan exquisitas, escritas por Leo Buscaglia, han quedado grabadas en mi memoria por cuatro décadas:

> No existe el ser o el llegar a ser sin relaciones personales... Nuestra misma supervivencia parece depender de nuestras relaciones. En la infancia, si se nos niegan encuentros amorosos con seres humanos, nos marchitamos, caemos en la psicosis, la idiotez o morimos. De adultos seguimos dependiendo de nuestras interacciones con otros para nuestras mayores alegrías y nuestro crecimiento más significativo... Resulta extraño, por lo tanto, que a pesar de conocer nuestra desesperada necesidad de relacionarnos, sigamos a lo largo de gran parte de nuestras vidas incurriendo en comportamientos desconsiderados y vacuos que solo dan como resultado aislarnos aún más.

Las relaciones —con Dios y la gente— lo son todo.

Dios diseñó la vida para que lleguemos a ser lo que Él nos hizo ser solo en conexión con Él y con otros seres humanos. Aunque nuestra primer y más importante relación es con Dios, Él decidió que no era suficiente. Seguimos estando solos si no estamos relacionados correctamente a otras personas. Así que creó la familia. Cada uno de nosotros nos hemos desarrollado en el contexto de la familia, ya sea nuestra familia biológica o algún otro arreglo familiar. Este es el plan de Dios. El salmista escribió: «Dios ubica a los solitarios en familias».

Cuando un bebé humano nace, depende totalmente de otros humanos para su cuidado y desarrollo. Esta dependencia dura significantemente más de lo que requiere cualquier otro animal. Y lo que causa que un humano llegue a ser humano, en vez de un mero animal, es su interacción con humanos. «Los niños ferales, esos casos raros pero documentados de niños criados por animales salvajes, nunca desarrollan verdaderamente la habilidad de relacionarse con otros y difícilmente pueden ser clasificados como personas en algún sentido significativo». Fuimos creados por Dios, quien nos sigue creando y haciendo que seamos lo que Él quiere que seamos, a través de las personas con quienes tenemos relaciones. Esto empieza cuando nacemos y sigue a lo largo de nuestras vidas.

Es revelador, entonces, que cuando nacemos de nuevo, nacemos dentro de una familia. El apóstol Pedro nos dice que Dios «nos ha dado el privilegio de nacer de nuevo para que ahora seamos miembros de la familia de Dios». Dios no solo nos dio un nuevo nacimiento, sino que nos colocó en una nueva familia. Diseñó nuestra nueva vida para que la viviéramos en relación con otros que también están viviendo esta nueva vida. Aquí es donde nos cuidan, aquí es donde crecemos, y aquí es donde nos desarrollamos en las personas que Dios nos destinó a ser. Como Pablo aconsejó a Timoteo: «quiero que sepas cómo se debe vivir en la familia de Dios. Esa familia es la iglesia del Dios». Los niños ferales no pueden convertirse plenamente en personas fuera de una familia, y si me permite sugerirlo amablemente, los cristianos ferales —aquellos creyentes que no ven la necesidad de pertenecer una iglesia y que permanecen aislados de ella— no pueden desarrollarse plenamente en las personas que Dios concibe. No basta con nacer, tenemos que llegar a ser. Y solo podemos llegar a ser en relación con otros.

Enfoquémonos en nuestra relación con la iglesia. En Efesios, Pablo señala que crecemos y alcanzamos nuestro potencial solo conforme todos llegamos «a la unidad de la fe y del conocimiento del Hijo de Dios, a una humanidad perfecta que se conforme a la plena estatura de Cristo». Y nos desafía enérgicamente: «Hagan todo lo posible por mantenerse unidos en el Espíritu y enlazados mediante la paz». Nuestro shalom personal está inseparablemente unido al shalom colectivo de nuestra familia espiritual. Cada uno de nosotros tiene paz solo a la medida que todos tenemos paz, por lo que cada uno de nosotros tiene que esforzarse lo máximo para fomentar la armonía y proteger la paz.

Seamos francos: Puede que usted eche un vistazo a algunos de nosotros en la familia de Dios y se estremezca al pensar que su paz está relacionada con la de todos nosotros. Eso me hace recordar la historia del tipo que perdió el control de su camioneta mientras manejaba por una estrecha carretera de montaña y fue expulsado cuando se desplomó por un precipicio hacia un cañón muy abajo. Se agarró desesperadamente de un arbusto que crecía cerca de la cima y se aferró como pudo. Sin poder incorporarse, gritó: «¿Hay alguien ahí fuera? ¡Socorro! Por favor, ¡sálvenme!». Inmediatamente oyó la voz estruendosa de Dios que resonaba por todo el cañón. «Estoy aquí. Solo tienes que soltar el arbusto. Confía en Mí, te salvaré». El hombre bajó la vista hacia la camioneta que ardía en las profundidades del cañón y volvió a llamar: «¿Hay alguien más ahí? ».

Nacimos en una familia espiritual en la que no tenemos más habilidad para elegir quiénes son los miembros de nuestra familia que la que teníamos en nuestra familia biológica. No hay nadie más de donde escoger. Sin embargo, nuestras vidas fueron diseñadas para florecer dentro del abrazo de esta nueva comunidad. Por tanto, nos corresponde a cada uno de nosotros estar deseosos de cultivar y hacer crecer el shalom en todas nuestras relaciones, y especialmente, debido a su singular poder para moldearnos, en el seno de nuestra familia espiritual.

Realmente nos moldeamos unos a otros. Cada uno de nosotros tiene que aceptar la responsabilidad de aportar lo mejor de nosotros mismos a nuestra familia espiritual en la iglesia. El impacto que tenemos en las personas que nos rodean es impresionante. En mi libro *The Lord Bless You,* resumí una gran cantidad de información acerca de algunas de las maneras en que afectamos a los que nos rodean.

> Múltiples estudios han demostrado que si nos relacionamos con personas que son felices, tenemos muchas más probabilidades de serlo. Si nos relacionamos con personas que son sanas desde

> el punto de vista físico y nutricional, es mucho más probable que nosotros también comamos correctamente, hagamos ejercicio y estemos sanos. Si pasamos tiempo con personas que siempre están aprendiendo, tenemos más probabilidades de aprender también. Si nos rodeamos de personas que se dedican a la transformación positiva de la vida, es más probable que tengamos éxito en la transformación positiva de la vida.

Haga todo lo posible para ser la versión óptima de sí mismo y levante a las personas que lo rodean. Shalom y su desborde en su vida deben mejorar la vida de todas las personas con las que se relaciona.

Tenemos que comprometernos a crecer y a ayudar a otros a crecer. «Al surgir los resultados de todavía más investigaciones, parece que estamos aprendiendo que casi cada atributo de su potencial —desde la inteligencia a la creatividad al liderazgo a la personalidad y al compromiso— está interconectado con otros». Que usted crezca o no, ¡importa a muchas otras personas! M. Scott Peck define perceptivamente el amor como «la voluntad de extenderse con el propósito de nutrir el crecimiento espiritual propio o ajeno». Si usted ama a las personas, no solo tendrá sentimientos agradables por ellas: crecerá y las ayudará a crecer.

Anteriormente señalé que usted no puede elegir quién forma parte de la familia de Dios. Sin embargo, puede y debe elegir no solo comprometerse a ayudar a otros a crecer, sino también rodearse de personas de la familia de Dios cuya influencia lo haga mejor y aumente su paz. Y de nuevo, por paz no me refiero solo a una ausencia de conflictos. Me refiero a que su vida sea todo lo que Dios quiere que sea en todas sus dimensiones. El compromiso total en las relaciones que dan vida acelerará el shalom en su vida y en la de aquellos a los que ama de verdad.

Para que la iglesia funcione como una familia espiritual sana que desarrolla a las personas y aumenta la paz de Dios, tenemos que comprender lo importante que es nuestro papel en ello. Tenemos que cumplir la admonición bíblica: «Hagan todo lo posible por mantenerse unidos en el Espíritu y enlazados mediante la paz». La armonía y el shalom en la familia de Dios harán avanzar la armonía y el shalom en cada una de nuestras vidas.

Pregunta de reflexión

¿Usted qué está haciendo para aumentar la paz en su iglesia local? ¿Cuáles son algunas maneras en las que está aportando su persona más auténtica y mejor a la iglesia para ayudarla a ella y a los otros dentro de ella a prosperar y crecer?

diecinueve

Paz En La Casa

El salmo 122 ofrece un estribillo familiar y agradable. «Yo me alegré con los que me dijeron: "Vamos a la casa del Señor"». El salmista a continuación identifica a Jerusalén como el lugar donde Dios vive y dice que Jerusalén está bien edificada y todas las tribus dispares acuden allí para armonizar en la alabanza. Este es el lugar donde Dios anuncia sus decisiones sobre cómo Su pueblo debe conducir sus vidas. Luego escribe con insistencia:

> Oren ustedes por la paz de Jerusalén: «Sean prosperados los que te aman. Haya paz dentro de tus muros, y prosperidad en tus palacios». Por amor de mis hermanos y de mis amigos, diré ahora: «Sea la paz en ti». Por amor de la casa del Señor nuestro Dios Procuraré tu bien.

El tema de paz, o shalom, domina la última sección de este salmo: «Incluso la mención del nombre mismo «Jeru*salén*» en esta sección refuerza el tema de la paz, dado que la raíz hebrea de «paz» *shlm*, forma parte del nombre de la ciudad, «Jeru*salén*». Cuando uno comprende la centralidad de la casa del Señor a la paz, y cómo la paz es esencial para lo que la casa del Señor es, entonces se vuelve aparente lo importante que es insistir en su paz. Para que Jerusalén, o dondequiera que Dios habite, cumpla sus propósitos shalómicos, tiene que verdaderamente ser un lugar de paz.

Cuando estudio este salmo, escrito hace algunos 2.500 años, aplico sus verdades y aspiraciones a la Iglesia, y en particular a las iglesias locales. Dios ahora vive sobre la tierra en Su pueblo individual y colectivamente. Su hogar está dentro de cada uno de nosotros, y sin embargo, promete estar presente de manera especial cuando nos reunimos con otros creyentes en quienes Él habita. Cuando lo hacemos, experimentamos Su presencia de maneras más singulares y poderosas. Cuando pienso en «vamos a la casa del Señor», pienso en los lugares —típicamente iglesias locales— donde nos reunimos regularmente para adoración y enseñanza y donde toda clase de personas diferentes experimentan lo que es ser uno en Cristo. Y es por esto que, «cuando dijeron, "Vamos a la casa de Dios", mi corazón saltó de alegría».

Cuando nuestras iglesias prosperan, existe una alta probabilidad que los que participan en ellas prosperarán. Una manera que podemos demostrar esto es por medio de la abundancia de estudios que muestran los múltiples beneficios de asistir a la iglesia con regularidad. Las investigaciones muestran que es más probable que las personas que asisten semanalmente a servicios de adoración estadística y significativamente sean más sanos, más felices, duerman mejor, tengan mejores relaciones, sufran menos de depresión y vivan vidas más largas y satisfacientes que las personas que no participan regularmente de la adoración corporativa. Un estudio que me impresionó de forma particular me revela cómo los adolescentes que asisten a la iglesia una vez por semana tienen un 20% menos de posibilidades de sufrir una depresión de moderada a grave en comparación con los chicos que no asisten a la iglesia.

Se me ocurre que con todo lo que sabemos acerca de la crisis de salud mental entre la juventud, puede que lo más importante que hagamos por los jóvenes de nuestras vidas sea asegurarnos de que aprovechen la oportunidad de estar fielmente en la casa del Señor.

Sin duda que esto es cierto para todos nosotros. ¡Vamos a la casa de Dios! Su presencia está allí. Su pueblo está allí. Su Palabra se enseña allí. No es de maravillarse que shalom invade nuestras vidas cuando estamos allí. Tal como exclamó Isaías: «Vengan... a la casa del Dios de Jacob. Él nos mostrará la manera en que obra para que podamos vivir de la manera que fuimos hechos».

Sharon y yo tenemos a unos queridos amigos, Abraham y Ruby Thomas, ambos médicos, que han estado profundamente involucrados con nosotros y los demás miembros de nuestra iglesia, The Life Christian Church, por más de tres décadas. Hablan con gran pasión acerca de cómo el impacto transformador de la iglesia les ha ayudado a formar múltiples áreas de sus vidas de maneras beneficiosas y especialmente cómo la iglesia les apoyó como padres y les ayudó a formar a sus hijos, quienes ahora son hombres sobresalientes. Cuando su hijo mayor, Ashish, se graduó de su especialización médica e inició su propia consultoría médica, Ruby le mandó a Sharon un mensaje para compartirle que Ashish le había dicho a su madre que gran parte de lo que había aprendido sobre cómo cuidar a las personas lo había aprendido de ella y porque había crecido en la iglesia. Ella repitió las palabras: «The Life Christian Church nos moldeó, Mamá». Me doy cuenta, querido lector, que sueno mucho como el pastor que de hecho soy, pero permítame desafiarle gentilmente. Si usted quiere que shalom defina su vida, entonces tiene que centrar su vida alrededor de la casa de Dios y orar y obrar por su paz. Cuanto más está usted en la casa del Señor, más su vida reflejará la vida como debe ser.

Además, sostengo que debemos acercarnos a nuestra participación en la casa del Señor con intencionalidad. El Salmo 122 es un salmo de peregrinación. Se recitaba, o se cantaba, como un Canto de Ascensión mientras el pueblo de Dios ascendía a Jerusalén para encontrarse con Dios. Una peregrinación es una travesía espiritual emprendida muy deliberadamente. Uno no peregrina accidentalmente.

Hace algún tiempo, Sharon y yo pasamos un día recorriendo Oporto, Portugal. Una de las rutas del Camino de Santiago pasa por Oporto, y mientras hacíamos el recorrido, vimos a varios peregrinos. Estaban en una travesía espiritual, recorriendo muchos kilómetros al día durante muchos días, llevando pesadas mochilas cargadas de provisiones, parando en iglesias para orar la mayoría de las noches, todo ello mientras se encaminaban hacia el santuario del apóstol Santiago el Mayor en la catedral de Santiago de Compostela, en el noroeste de España. Estos peregrinos tenían una mentalidad totalmente distinta a la nuestra y una serie de experiencias completamente diferentes. Aprendimos un poco de la historia de Oporto, posiblemente probamos un poco de vino de Oporto, comimos una deliciosa comida y regresamos a un crucero de lujo para pasar la noche. Éramos turistas; ellos, peregrinos. Nosotros intentábamos relajarnos y divertirnos. Ellos intentaban encontrarse con Dios.

Nuestro acercamiento a la casa de Dios necesita reflejar el corazón de un peregrino. «Me alegré cuando me dijeron: "Vayamos a la casa del Señor"» tiene que significar algo más que «Vamos a pasar un buen rato». Somos peregrinos. Vamos al encuentro de Dios, para alabarle, para ser instruidos por su Palabra, para tener compañerismo y para encontrar paz. Esto no sucede por accidente. Necesitamos comprometernos con la iglesia a propósito.

Y necesitamos servir a nuestra iglesia. Gran parte de este salmo trata de cómo hemos de orar por la paz del lugar donde Dios habita y se reúne con Su pueblo. Hemos de amar ese lugar, buscar el bien de ese lugar y saber que, cuando lo hagamos, encontraremos allí seguridad y paz. «Por amor a mi familia y a mis amigos, diré: "Que tengas paz"». Por amor a la casa del Señor nuestro Dios, buscaré lo mejor para ti, oh Jerusalén». ¿Qué está haciendo usted para traer shalom a su iglesia? ¿La ama? ¿Ora por ella? ¿Sirve en ella? ¿ Aporta usted económicamente a ella? ¿Trabaja activamente por su prosperidad?

Alégrese de tener el privilegio de ir a la casa del Señor. Pero aún más, asegúrese de que está contribuyendo a la casa de Dios y haciendo todo lo posible para que sea todo lo que debe ser. Ha de ser un lugar de paz.

Pregunta de reflexión

¿Le apasiona el privilegio de estar en la casa del Señor? ¿Ama a su iglesia? ¿Está decidido a procurar su prosperidad?

veinte

La Ciudad De Dios

Agustín llegó a ser obispo de Hipona Regia, en África, en el año 396 d.C. Predicó prodigiosos sermones en la gran basílica de Cártago y escribió libros que dieron forma a la civilización occidental, los más famosos de ellos, *Confesiones* y el que muchos llaman su obra magna, *La Ciudad de Dios*. Escribió *La Ciudad de Dios* en respuesta a una realidad estremecedora: Roma, la llamada Ciudad Eterna, y su Imperio, estaban colapsando. Los visigodos habían saqueado a Roma en el año 410 d.C., y después de siglos de dominio romano esto era impensable. Agustín y los suyos vivían al margen del Imperio y se beneficiaban de muchas cosas romanas. Ahora era evidente que el dominio de Roma, como el de todo reino terrenal, era solo temporal.

No solo muchos en el Imperio que estaban acostumbrados a la dominación romana estaban tristes y asustados, sino que los cristianos del Imperio, en particular, fueron chivos expiatorios en algunos sectores. Habían abandonado a los dioses paganos y predicaban la paz en tiempos de guerra. Además, los bárbaros que atacaron a Roma afirmaban ser también cristianos. Agustín predicó y escribió La Ciudad de Dios para defender el cristianismo, consolar al pueblo de Dios y recordarles quiénes eran.

> [Él] les dio un sentido de identidad; les dijo dónde pertenecían, a qué tenían que ser leales...Habló a hombres confusos, que se mantenían de cien maneras al margen del paganismo, con parientes paganos, vecinos paganos, lealtades a la ciudad... Les dijo que eran un pueblo distinto: «ciudadanos de Jerusalén». «Oh pueblo de Dios, oh Cuerpo de Cristo».

Agustín animó a cristianos desalentados enseñándoles que, aunque Roma no era eterna, existe una ciudad eterna. Los que creen en Jesús son ciudadanos de esa ciudad eterna, y su paz, seguridad, identidad y lealtades se encontraban en esa ciudad.

Argumentó que a lo largo de la historia de la humanidad solo ha habido dos ciudades, la Ciudad del Hombre y la Ciudad de Dios. Somos más leales a la una o a la otra y nuestros destinos están ligados a una o a la otra. De ahí se deduce que, aunque la Iglesia y los cristianos residan físicamente en la Ciudad del Hombre, nuestro enfoque principal tiene que estar en la Ciudad de Dios, que tiene su sede en el cielo y se manifiesta visiblemente en la tierra a través de la Iglesia. Si estamos orientados hacia la Ciudad del Hombre, nuestra paz fluctúa con las vicisitudes del mundo que nos rodea. Nuestra paz puede verse perturbada por el estado de nuestra nación, la política del día o las siempre cambiantes condiciones económicas. Agustín dijo que nunca debemos olvidar que somos «extranjeros residentes», que estamos en este mundo pero no somos de él, que aunque debemos ocuparnos y disfrutar del mundo que nos rodea, nuestro principal interés es la Ciudad de Dios.

La ciudadanía es una manera interesante de abordar esto. Somos ciudadanos de una nación y juramos lealtad a ella. Sin embargo, en las Escrituras se nos dice que: «Sobre todo, deben vivir como ciudadanos del cielo, comportándose de un modo digno de la Buena Noticia acerca de Cristo». Nuestra lealtad tiene que ser ante todo a esta ciudadanía. A Agustín le importaba y era leal a Roma, pero más que eso, estaba dedicado a la Iglesia y a sus hermanos y hermanas en Cristo, independientemente de la nación de la que resultaran ser ciudadanos.

Me preocupa que muchos de nosotros parecemos olvidar lo que es más importante para Dios. Si no tenemos cuidado, podemos vivir como si el mundo girara en torno a lo que ahora es nuestra Roma. Como ciudadano estadounidense orgulloso y agradecido, por ejemplo, reconozco que es fácil tener un sentido exagerado de nuestra importancia en la historia del mundo. Sin embargo, nuestra nación, por maravillosa que sea, tiene menos de 250 años. Sigue siendo un pequeño punto en la historia del mundo y es temporal. El plan redentor de Dios no gira en torno a los Estados Unidos ni a ninguna otra entidad no permanente de este ámbito terrenal. Sin embargo, usted no lo sabría por la lealtad primaria que algunos de nosotros mostramos a nuestra nación, a nuestro partido político o a alguna otra etnia o grupo de la que formamos parte. Y a veces, trágicamente, abogamos por cosas de la Ciudad de los Hombres de una manera que perturba la armonía de la Ciudad de Dios. Es importante que no permitamos que los asuntos terrenales perturben la shalom celestial.

Cuando Pablo les escribió a los colosenses, hizo hincapié en cómo ellos —y nosotros— tenemos que «Pon[er] la mira en las cosas de arriba, no en las de la tierra» y luego advirtió a esos creyentes que «dieran muerte» a los pecados de deseo, como la lujuria, y a los pecados de falta de unidad, como el enojo, la malicia y la calumnia. Luego escribió: «Aquí no hay gentil ni judío, circuncidado ni incircunciso, bárbaro ni escita, esclavo ni libre, sino que Cristo es todo y está en todos». Esta iglesia de Colosas, en una provincia romana por cierto, tenía una amplia diversidad de gente, a menudo de grupos que existían en oposición unos a otros en la Ciudad del Hombre. Pero en Cristo, en la Ciudad de Dios, todos eran uno. Como escribió Agustín:

> Así pues, esta ciudad celestial, mientras permanece en la tierra, llama a ciudadanos de todas las naciones y reúne a una sociedad de peregrinos de todas las lenguas, sin reparar en la diversidad de costumbres, leyes e instituciones por las cuales se asegura y mantiene la paz terrenal, pero reconociendo que, por diversas que sean, todas ellas tienden al mismo fin de la paz terrenal.

Pablo continuó diciendo a esos diversos pueblos en Colosas que se trataran unos a otros con «compasión, bondad, humildad, mansedumbre y paciencia... perdonándose unos a otros... Sobre todas estas cosas, vístanse de amor, que es el vínculo de la unidad». Y luego: «Que la paz de Cristo reine en sus corazones, a la cual en verdad fueron llamados en un solo cuerpo». La única forma en que la Ciudad de Dios funciona en la tierra es que cada uno de nosotros recuerde que nuestra identidad se encuentra en Cristo, que somos uno con otros creyentes y que la paz tiene que reinar en nuestros corazones y en nuestras relaciones. Aunque todos tenemos identidades secundarias —hombre o mujer, americano o chino, republicano o demócrata, negro, moreno o blanco— nuestra primera lealtad debe ser a quienes todos somos como uno en Cristo. Es importante que no permitamos que las identidades secundarias y las lealtades se metan con la unidad del Cuerpo de Cristo.

Hubo una temporada del dominio de Roma conocida como Pax Romana, o «Paz Romana». Fue una época en la cual el Imperio disfrutó de una amplia libertad sin guerras y experimentó notable progreso. Es interesante, pues, que cuando Pablo escribió a los romanos durante la Pax Romana, comenzara su carta con: «A todos los amados de Dios que están en Roma... Gracia y paz a ustedes» y terminara con: «El Dios de paz aplastará muy pronto a Satanás bajo los pies de ustedes». Esos romanos vivieron en una época de relativa paz, pero no fue una paz que duraría. Incluso, y quizá especialmente, los romanos necesitaban que se les recordara que la paz duradera —la paz— no llegaría a través del reino más poderoso que la tierra hubiera conocido jamás, sino a través del Reino de los cielos que vino a la tierra en Jesucristo, de quien el profeta dijo: «Se extenderán su soberanía y su paz y no tendrán fin». Necesitaban que se les recordara que Jesús era el Señor, no el César, y que la paz que Él da durará mucho después de que la paz de Roma esté en ruinas.

Por favor, no ate su identidad primaria y su paz al atractivo transitorio de cualquier cosa localizada solo en esta tierra.

Enfóquese primero en lo que tenemos juntos ahora, y tendremos para siempre, en la Ciudad eterna de Dios. La paz de Jesús nunca tendrá fin.

Pregunta de reflexión

Evalúe sus lealtades: ¿Es su primera lealtad a la Ciudad eterna de Dios o a las cosas dentro de la Ciudad del Hombre?

veintiuno

Más Grande Que Eso

Me encanta visitar a Roma. Me deleito con sus museos, su gastronomía, y su aura romántica que está en todas partes. Sin embargo, lo que más me cautiva es la perspectiva histórica que obtengo cuando estoy allí. En particular, recuerdo que Jesús anunció Su reinado y reino sin fin frente a un imperio sin paralelo donde el emperador era deificado, venerado como un dios. Sin embargo, Jesús y su banda de seguidores harapientos, originarios del aparentemente insignificante enclave romano de Palestina, afirmaron que Él era el único Dios que había venido como ser humano para salvar al mundo. Recuerdo que los Césares se han desvanecido en los anales de la historia, pero Jesús sigue siendo Señor, y que los esplendores de Roma han menguado, pero el Reino que Jesús estableció sigue floreciendo y perdurará para siempre. Y recuerdo que los discípulos de Jesús podrían haber echado todo a perder porque pensaban que Él debía derrocar a

Roma. No se daban cuenta de que lo que Él estaba haciendo era mucho más grande que eso.

¿Recuerda cómo, después de Su resurrección, Jesús se apareció repetidamente y «habló acerca del reino de Dios»? Y cómo justo antes de Su ascensión «Entonces los que estaban reunidos con él preguntaron: —Señor, ¿es ahora cuando vas a restablecer el reino a Israel?». O podríamos traducir: «¿Vas a derrocar a Roma e instaurar un reino físico aquí y ahora?». Él esencialmente dijo: «No. Les voy a dar el poder del Espíritu Santo, y van a dar testimonio al mundo acerca de mí». Me lo imagino diciendo además: «No quiero derrocar a Roma. Quiero salvar a los romanos y a todos los demás. Desmantelar Roma sería algo grande, pero estoy haciendo algo mucho más grande que eso». Roma y su poder eran temporales. Lo que hizo Jesús es para siempre.

Tenemos que empatizar con los discípulos. Los judíos de Judea llevaban mucho tiempo sometidos al dominio romano y no les iba tan bien como a muchos otros súbditos romanos debido a su religión monoteísta. Aún más, Jesús había sido condenado a muerte por la autoridad romana. Soldados romanos lo habían crucificado. Luego Jesús venció a la muerte, así que ¿por qué no vencer a los romanos? Sus discípulos aún no podían comprender que lo que Él quería realmente era reconciliar a los romanos con Él.

Considere lo siguiente: La persona que condujo a los soldados romanos a ejecutar a Jesús era un centurión romano. Avance unos años y el primer gentil elegido para escuchar y responder al Evangelio fue un centurión romano. Se llamaba Cornelio. El apóstol Pedro recibió el encargo de predicar a este centurión y, después de hacerlo, se quedó en su casa varios días dedicando un tiempo considerable para convivir con él. Me imagino a Pedro disfrutando de una comida con aquel romano, lo que estaba prohibido según la ley judía, y pensando para sí: «*¡Así que esto es lo que Jesús intentaba hacer! Con razón no quería que matáramos a romanos. ¡Quería que les lleváramos la vida y los invitáramos a formar parte de la familia de Dios!*» Después Pedro fue a llevar el evangelio a Roma.

Propongo que tengamos en mente que lo que Jesús vino a hacer es más grande que cualquier otra cosa que está ocurriendo en el mundo, independientemente de lo importantes que puedan ser los acontecimientos de nuestro mundo. Él vino a reconciliar al mundo consigo mismo y a reconciliar a las personas entre sí. Vino a traer la paz. «Porque a Dios le agradó habitar en él con toda su plenitud y por medio de él, reconciliar consigo todas las cosas, haciendo la paz mediante la sangre que derramó en la cruz». Y ahora Dios «nos [ha dado] el ministerio de la reconciliación». Es decir, en Cristo, Dios reconciliaba al mundo consigo mismo, no tomándoles en cuenta sus pecados, y nos ha encomendado a nosotros el mensaje de la reconciliación» ¿Qué puede haber más grande que eso?

¿Hay «romanos» en su vida? Quizá incluso su propia versión de un centurión romano? ¿Alguien, o varias personas, que usted tenga sobradas razones para que le desagraden? ¿Qué le parecería decirse a sí mismo: «Lo más importante para Dios es que esta persona tenga paz con Dios y conmigo»? Ayuda recordar que la palabra *reconciliar* en el Nuevo Testamento significa «cambiar la enemistad a amistad». Esto es monumental. La reconciliación es lo que Jesús realmente quiere hacer y lo que Él realmente quiere que nosotros hagamos.

Permítame compartir una sencilla anécdota personal. En una ocasión vi a un vecino tirar indebidamente grandes cantidades de hojas de árbol en una zona común de nuestro vecindario. Los demás tenemos que pagar para que nos recojan las hojas. Me molestó. Abrí la puerta para salir de casa muy indignado y dispuesto a hacerle saber lo que pensaba acerca de lo que estaba haciendo. Entonces en mi mente oí la voz de Jesús reprendiéndome suavemente. *¿Quieres discutir con este tipo acerca de las hojas o bien considerar las posibilidades a largo plazo y cultivar una relación en la que puedas tener la oportunidad de hablarle de Mí y ganar un amigo?* Me di la vuelta.

Eso no quiere decir que en esta situación, y sin duda en otras más consecuentes, no debamos abogar por lo que es correcto o por nuestros derechos. Tenemos que contender por la verdad, la moralidad y la justicia. Pero, ¿qué si «peleáramos» con la reconciliación en mente? ¿Qué si intentáramos hacer algo más que ganar una discusión o una victoria sobre alguna injusticia? ¿Qué si abogáramos de una manera que reflejara el corazón de Jesús por la paz? Pablo enseñó que, «aunque vivimos en el mundo, no libramos batallas como lo hace el mundo». Debemos usar el poder divino para librar batallas espirituales y, al mismo tiempo, obedecer el mandato de Jesús: «¡Ama a tus enemigos!] ¡Ora por los que te persiguen!» Podemos orar y obrar contra el mal que influye en la gente y las cosas malas que hace la gente, aun cuando amemos y oremos por gente de verdad. No odie a su Roma ni a los romanos. Reconcílielos con Dios y con usted mismo.

Creo que esta verdad es importante en lo que se refiere a la relación de los cristianos con el resto del mundo y, quizá aún más importante, en nuestras relaciones entre nosotros. Tengo un amigo, un seguidor de Cristo de mucho tiempo, que mantiene una relación cercana con un nuevo creyente. Este nuevo cristiano se enteró de que mi amigo había votado de forma diferente a la suya en unas elecciones presidenciales muy divisivas en los Estados Unidos. Se descargó airadamente contra el cristiano más experimentado, quien le escuchó, argumentó su punto de vista y luego le hizo un gesto: «Venga aquí». Lo abrazó y le dijo: «Lo amo, y nuestra amistad es más grande que estas elecciones». Tengo que pensar que eso hizo sonreír a Jesús. Él es la paz, vino a hacer la paz, y todos necesitamos unirnos a su programa de paz.

En un momento dado, la Iglesia de Roma estaba sufriendo divisiones acerca de asuntos relativamente menores: los días sagrados, comer carne y beber vino. En su carta a los romanos, Pablo ofreció ciertas pautas sobre estos asuntos, pero todos bajo la rúbrica: «No discutan acerca de lo que ellos consideran bueno o malo». Luego les instó a reconocer que «el reino de Dios no es comida ni bebida, sino justicia y paz y gozo en el Espíritu Santo». En otras palabras, «El Reino de Dios es mucho más grande que todo eso». Luego continuó: «Procuremos lo que contribuye a la paz y a la edificación mutua». Se podría pensar que los romanos, en particular, habrían agradecido eso.

El hecho es que el Reino es más grande que cualquier cosa de este mundo, y sin duda más grande que cualquier cosa que pueda dividirnos. Tenemos que concentrarnos en lo que es eternamente importante, incluyendo la armonía de unos con otros y la paz que somos llamados a traer al mundo que nos rodea. Mantengámonos enfocados en el Reino y en la paz que durará para siempre.

Pregunta de reflexión

¿Tiene usted un área de desacuerdo, ya sea con una persona o con un grupo de personas, que ahora se siente convencido de poner en la perspectiva eterna correcta y de ver la reconciliación como «más grande que eso?» ¿Qué necesita hacer hoy al respecto?

NOTAS SECCIÓN 3

CAPÍTULO 15: CAMPAMENTO UNIDAD

«Ser parte de una fraternidad»: Juan McCain with Mark Salter, *Faith of My Fathers: A Family Memoir* (New York: Random House, 1999), 211–212.

«Rebosábamos de alegría»: McCain with Salter, *Faith of My Fathers*, 314.

«Cuán bueno y cuán agradable es»: Salmo 133:1–3

«The webbing together of God»: Plantinga *Not The Way It's Supposed to Be*, 197.

«El entretejido de Dios»: Amy L. Sherman, *Agents of Flourishing: Pursuing Shalom in Every Corner of Society* (Downers Grove, IL: InterVarsity Press, 2022), 16.

«No 'los infractores serán procesados'»: Juan R. W. Stott, *The Message of the Efesios*, rev. ed. (Downers Grove, IL: InterVarsity Press, 2020), 65.

«Dios los ha acercado mediante la sangre de Cristo»: Efesios 2:13–18

«Ya no son extraños ni extranjeros»: Efesios 2:19

CAPÍTULO 16: ABBA SHALOM

«El rey David, al enterarse de todo lo que había pasado»: 2 Samuel 13:21

«El rey extrañaba mucho a Absalón»: 2 Samuel 14:1

«No deja regresar a su hijo desterrado»: 2 Samuel 14:13–14

«Mandó llamar a Absalom»: 2 Samuel 14:33

«El rey se estremeció»: 2 Samuel 18:33

«Esfuércense por vivir en paz»: Hebreos 12:14–15

«Con lágrimas buscó la bendición».: Hebreos 12:17

«Magnimidadd»: Jon Meacham, *Franklin and Winston: An Intimate Portrait of an Epic Friendship* (New York: Random House, 2003), 30.

«El perdón en este sentido »: J. Keith Miller, *A Hunger for Healing: The Twelve Steps As a Classic Model for Christian Spiritual Growth* (San Francisco: HarperCollins, 1991), 143.

CAPÍTULO 17: VUELVA A CONFIAR

Dios «Guardará en perfecta paz»: Isaías 26:3

«Dios, fuente de esperanza, que los llene completamente de alegría y paz»: Romanos 15:13

«Se siente libre con alguien»: Juan Townsend, *Beyond Boundaries: Learning to Trust Again in Relationships* (Grand Rapids, MI: Zondervan, 2011), 25–26.

El amor «siempre confía»: Ver 1 Corintios 13:4–7

la falta de confianza como la disfunción fundacional de los equipos disfuncionales: Patrick M. Lencioni, *The Five Dysfunctions of a Team: A Leadership Fable* (San Francisco: Jossey-Bass, 2010), 195–196.

«Sustenta y afecta la calidad de cada relación»: Stephen M. R. Covey, *The Speed of Trust: The One Thing That Changes Everything* (New York: Free Press, 2018), 1–2.

Él «no confiaba en ellos»: Juan 2:24–25

Sabía que querían causarle daño: Ver Juan 7:1–10

«Proteja sus valores»: Townsend, *Beyond Boundaries*, 37–40.

Jesús pasó de una mínima confianza: Ver Hechos 15:13–21; Gálatas 2:9

««No soy partidaria de compartir en exceso»: »: Brené Brown, *Dare to Lead: Brave Work, Tough Conversations, Whole Hearts* (New York: Random House, 2018), 35.

«Cristo se sentirá cada vez más en casa»: Efesios 3:17 NLT1996 (TRAD. DEL INGLÉS)

Babe Ruth: Rob Asghar, «Permission to Fail: Leadership Lessons from Babe Ruth's Bat», *Forbes*, June 17, 2014, https://www.forbes.com/sites/robasghar/2014/06/17/permission-to-fail-leadership-lessons-from-babe-ruths-bat.

CAPÍTULO 18: LAS RELACIONES LO SON TODO

«No existe el ser»: Leo F. Buscaglia, *Loving Each Other: The Challenge of Human Relationships* (New York: Fawcett Books, 1986), 24–25.

«Dios ubica a los solitarios en familias»: Salmo 68:6 NKJV

«Niños ferales»: Philip Yancey, *Reaching for the Invisible God: What Can We Expect to Find?* (Grand Rapids, MI: Zondervan, 2000), 107.

Dios «nos ha dado el privilegio de nacer de nuevo» 1 Pedro 1:3 TLB (TRAD.)

«Quiero que sepas cómo vivir»: 1 Timoteo 3:15 PDT

«Todos llegamos a la unidad de la fe»: Efesios 4:13

«Hagan todo lo posible»: Efesios 4:3 NTV

««Hay alguien más allí?»: »: James Dobson, *When God Doesn't Make Sense* (Wheaton, IL: Tyndale, 1993), 25.

«Múltiples estudios han demostrado»: Terry A. Smith, *The Lord Bless You: A 28-Day Journey to Experience God's Extravagant Blessings* (Minneapolis: Chosen Books, 2023), 109.

«Cada atributo de su potencial»: Shawn Achor, *Big Potential: How Transforming the Pursuit of Success Raises Our Achievement, Happiness, and Well-Being* (New York: Currency, 2018), 23.

«La voluntad de extenderse»: Peck, *Road Less Traveled*, 81.

«Hagan todo lo posible para mantenerse unidos»: Efesios 4:3

CAPÍTULO 19: PAZ EN LA CASA

«Me alegré con los que me dijeron»: Salmo 122:1

«Oren ustedes por la paz de Jerusalén»: Salmo 122:6–9 NBLA

«La raíz hebrea de «paz'»: W. Dennis Tucker Jr. and Jamie A. Grant, *The NIV Application Commentary: Psalms*, vol. 2 (Grand Rapids, MI: Zondervan, 2018), 743.

«Cuando dijeron, «Vamos a la casa de Dios'»: Salmo 122:1 MSG

Las personas que asisten semanalmente a servicios de adoración: Harvard School of Public Health, «Regularly Attending Religious Services Associated with Lower Risk of Deaths of Despair», press release, May 6, 2020, https://www.hsph.harvard.edu/news/press-releases/regularly-attending-religious-services-associated-with-lower-risk-of-deaths-of-despair; «Religion's Relationship to Happiness, Civic Engagements and Health Around the World», Pew Research Center, January 31, 2019, https://www.pewresearch.org/religion/2019/01/31/religions-relationship-to-happiness-civic-engagement-and-health-around-the-world.

Los adolescentes que asisten a la iglesia una vez por semana: Carina Storrs, «Going to Church Could Help You Live Longer, Study Says», CNN, May 16, 2016, https://www.cnn.com/2016/05/16/health/religion-lifespan-health/index.html.

«Vengan… a la Casa del Dios de Jacob»: Isaías 2:3 (TRAD.)

«Me alegré cuando me dijeron»: Salmo 122:1 NTV

«Por amor a mi familia y a mis amigos»: Salmo 122: 8–9 NTV

CAPÍTULO 20: LA CIUDAD DE DIOS

«[Él] les dio un sentido de identidad»: Peter Brown, *Augustine of Hippo: A Biography* (Berkeley: University of California Press, 2013), 312.

«Extranjeros residentes»: Brown, *Augustine of Hippo*, 323.

«Sobre todo, deben vivir como ciudadanos del cielo»: Filipenses 1:27 NTV

«Pongan la mira en las cosas de arriba»: Colosenses 3:2

«Dieran muerte»: Scot McKnight, *The Letter to the Colosenses* (Grand Rapids, MI: Wm. B. Eerdmans, 2018), 300. Ver también Colosenses 3:5

«Aquí no hay gentil ni judío»: McKnight, *Letter to the Colosenses*, 316. Ve también Colosenses 3:11

«Esta ciudad santa»: Saint Augustine, *City of God* (Radford, VA: SMK Books, 2012), 776.

«Compasión, bondad, humildad»: Colosenses 3:12–14

«Que la paz de Cristo reine en sus corazones»: Colosenses 3:15

«A todos los amados de Dios en Roma»: Romanos 1:7

«El Dios de paz aplastará muy pronto a Satanás»: Romanos 16:20

«Se extenderán su soberanía y su paz»: Isaías 9:7

CAPÍTULO 21: MÁS GRANDE QUE ESO

«Habló acerca del reino de Dios»: Hechos 1:3

«Se reunieron con Él»: Hechos 1:6

«No. Les voy a dar poder»: Hechos 1:8, paráfrasis del autor

El primer gentil elegido: Ver Hechos 10

«A Dios le agradó»: Colosenses 1:19–20

«Nos dio el ministerio de reconciliación»: 2 Corintios 5:18–19 NBLA

***Reconciliar* en el Nuevo Testamento:** W. E. Vine, *Vine's Expository Dictionary of New Testament Words* (McLean, VA: Mac Donald Publishing, 1989), s.v. «reconcile», 942.

«Aunque vivimos en el mundo»: 2 Corintios 10:3

«Ama a tus enemigos»: Mateo 5:44

«No discutan»: Romanos 14:1 NTV

«Procuremos lo que contribuye a la paz»: Romanos 14:19 NBLA

SECCIÓN 4

AUMENTE

veintidós

Hacedores De Shalom

Es mi esperanza que en este punto de nuestra travesía compartida usted esté cada vez más inmerso en la búsqueda, la anticipación y la experiencia de paz. El salmista nos asegura que Dios «promete paz a su pueblo». Al meditar en promesas como esta y otras verdades de la Palabra de Dios, usted debe esperar que «prolongarán tu vida muchos años y te traerán paz». Anteriormente delineamos la paz que el Señor da *como el armonioso trabajo en conjunto de cada parte de nuestras vidas en alineación con las buenas intenciones de Dios, trayendo bienestar holístico, florecimiento productivo y realización feliz*. Esto es shalom. Shalom es lo que Dios quiere para usted, y shalom es a lo que debe aspirar, por lo que debe creer y por lo que debe trabajar en todas las dimensiones de su vida.

¿Ahora qué? Propongo que nos enfoquemos en aumentar shalom, no solo en nuestras propias vidas sino en el mundo en nuestro derredor. En su sermón más importante, Jesús enseñó: «Bienaventurados los pacificadores, porque ellos serán llamados hijos de Dios». Lisa Sharon Harper define pacificador como «los que hacen paz o hacedores de shalom». Nuestra búsqueda y expectativa de florecer tiene que trascender los límites del yo, haciendo eco de la perspectiva de Amy Shermon de que también tenemos que «hacer florecer a otros». Walter Brueggemann insiste: «Shalom no solo o es un regalo increíble, es una misión exigente», y «Paz es un regalo y una tarea». No solo debemos recibir paz sino también avanzar la paz. Tenemos que ser hacedores de shalom.

Una historia precautoria surge de la vida del rey Ezequías. Ezequías ascendió al trono de Judá en el año 715 a.C. y reinó durante veintinueve años. En general, fue un buen hombre y un líder ejemplar. Pero su legado se vio empañado por un egoísmo miope en el ocaso de su vida. Se había sanado milagrosamente de una grave enfermedad y se le había hecho la asombrosa promesa de que su vida se prolongaría durante varios años. Poco después, en un momento de orgullo, exhibió sus abundantes tesoros a emisarios de Babilonia. El profeta Isaías profetizó entonces a Ezequías que todos esos tesoros serían saqueados algún día por los babilonios y que, en el exilio subsiguiente, algunos de los propios hijos de Ezequías sufrirían horriblemente. Su respuesta a esta devastadora profecía es muy desconcertante: «El mensaje del Señor que tú me has traído es bueno... Al menos, mientras yo viva, sin duda que habrá paz y seguridad».

Esto nos deja más que perplejos. Para Ezequías, se trataba de una buena palabra porque él experimentaría la paz aunque otros, incluyendo sus propios hijos, sufrieran violencia y grandes pérdidas en los años venideros. ¿Cómo pueden las personas contentarse con vivir una vida shalómica si los que les rodean, y los que les siguen, no lo hacen? No debemos sentirnos satisfechos con una paz que se refiera solo, o siquiera principalmente, a nosotros mismos. Tenemos que comprometernos totalmente para ayudar a otros a experimentar la paz y la prosperidad con las que hemos sido agraciados. Tenemos la oportunidad y el llamado de aumentar la paz en las vidas de quienes nos rodean, así como en los entornos en los que vivimos y dejaremos atrás.

Los pacificadores —los hacedores de shalom— no son solo las personas amables que evitan los conflictos e intentan que otros no se peleen. Los hacedores de shalom están plenamente involucrados en ayudar a otros a alinear sus vidas con las buenas intenciones de Dios, ayudando a otros a experimentar el bienestar, el florecimiento y la realización. Hacen todo lo que pueden para lograr la paz y no creen que las cosas están bien si solo están bien con ellos. Quieren que todos tengan la paz que Dios prometió.

Parte de lo fascinante de esta narrativa de Ezequías es que era una persona y un líder fundamentalmente decente. Sin embargo, en esta situación, no vio el corazón de Dios al fijarse solo en sí mismo y en su propia paz. Hubo otros momentos, sin embargo, en los que sí vio el panorama mayor. Como la vez que estaba orando para ser liberado de un enemigo y oró una famosa oración «para que». «Ahora, pues, Señor y Dios nuestro, sálvanos de su mano, para que todos los reinos de la tierra sepan que solo tú, Señor, eres Dios». En este caso, pidió a Dios algo que necesitaba «para que» pudieran cumplirse los propósitos mayores de Dios.

Esto trae a la mente la exquisita oración en la que el salmista imploró a Dios que bendijera a las personas «para que en la tierra sea conocido tu camino... y Dios, nuestro Dios, nos bendecirá. Dios nos bendecirá y le temerán todos los confines de la tierra». Se necesita un «para que» entretejido en nuestras oraciones, nuestras bendiciones y nuestro shalom. Dios lo ama desesperadamente y quiere darle paz, pero ama a su prójimo igualmente, tanto si su prójimo vive en la puerta de al lado como en una nación a un océano de distancia. ¿Puedo sugerir que recordemos esto cuando saboreemos las bendiciones de la paz? Parte de la razón por la que tenemos paz es asociarnos con Dios «para que» Él pueda llevar Su paz a todo el mundo.

Hace años visité Versalles. Es imposible detallar la grandeza de ese lugar. El rey Luis XIV gastó en él el equivalente a dos mil millones de dólares estadounidenses actuales, allá por el siglo XVII. Solo pudimos explorar los extensos jardines durante varias horas y aún así no los vimos todos. Al principio, era difícil no sentirse sobrecogido por la visión del rey Luis. Sin embargo, cuanto más pensaba en ello, menos impresionado me sentía. Versalles, por glorioso que sea, fue la sede oficial del poder en Francia solo durante unos cien años. Entonces llegó la Revolución Francesa, en la que Luis XV y su despilfarradora esposa, María Antonieta, no solo fueron depuestos sino ejecutados. Las calles de París se tiñeron de rojo con la sangre de los monárquicos. Me paré en Versalles y me pregunté: «¿Por qué? Todo este esplendor pero ¿por qué? ¿A quiénes les sirvió esto?» Desde luego que no les sirvió a los oprimidos ni a los empobrecidos, hambrientos y grotescamente explotados para financiar los opulentos estilos de vida de las personas glotonas a las que finalmente derrocaron.

A veces, a menudo de hecho, es bueno que preguntemos por qué. ¿Por qué he sido tan bendecido? No de una manera que induzca a la culpa y a la vergüenza, por supuesto. Sino de una manera «para que». Le garantizo que hay un «para que» en su paz. Un «para que» la obra de Dios pueda realizarse en la tierra, y un «para que» la obra de Dios pueda realizarse de maneras muy específicas a través de usted. Usted tiene un papel que desempeñar para llevar el shalom de Dios al mundo que le rodea. Por favor, no se limite a forjar una vida gloriosa para usted y los suyos, y por favor, no piense que las cosas van bien si hay paz y prosperidad solo en su vida y durante toda su vida. Cada uno de nosotros tiene una importante labor de aumentar la paz que hacer.

¿Cómo traemos la paz? Traemos paz cuando creamos cosas bellas que dan gloria a Dios y sirven a otros. Cuando desarrollamos negocios que crean riqueza para algo más que nosotros mismos. Cuando ayudamos a las personas a sanar las relaciones rotas. Cuando nutrimos y enseñamos a los jóvenes. Cuando ayudamos a alguien a aprender a pasar de la pobreza a la abundancia. Cuando practicamos la generosidad. Cuando compartimos el Evangelio. Cuando usamos nuestros dones para hacer avanzar la misión de nuestras iglesias. De estas, y de muchas otras maneras, hacemos la paz. Pero poco de esto sucede si la mayor parte del tiempo pensamos solo en nosotros mismos.

Incluso los mejores de nosotros podemos olvidarnos de pensar y vivir de esta manera. Necesitamos oír la voz de Jesús que nos dice: «Oye, te quiero, pero no se trata solo de ti. Ayúdame a llevar la paz a otra persona». Bienaventurados los pacificadores.

Pregunta de reflexión

El apóstol Santiago escribió, «El fruto de la justicia se siembra en paz para los que hacen la paz». ¿Cómo está usted sembrando shalom en el mundo en su derredor hoy?

veintitrés

¿Carpe Diem?

La paz que el Señor da no es pasiva. Más bien es activa. No es simplemente algo que nos ocurre. También es algo que ocurre a través de nosotros. No debemos pensar que es pacifista, al menos no en el entendimiento más amplio de shalom. Debemos pensar activista. Me gusta unir la paz con ser enviados al mundo, como cuando Jesús les dijo a Sus discípulos: «La paz sea con ustedes!... Como el Padre me envió a mí, así yo los envío a ustedes». La paz que Él impartió no significaba que ellos habían de permanecer en un estado de tranquilo reposo. Debían salir y hacer la obra de Dios, ser socios de Dios y hacer todo lo que se necesitara hacer para llevar Su paz a todas partes. La experiencia completa de la paz está en última instancia conectada con cumplir nuestro propósito.

Probablemente usted conoce la expresión en latín *carpe diem*, que frecuentemente se traduce como «aproveche el día». Me gusta como suena: aproveche el día. Pero, ¿qué significa de verdad? Carpe diem expresa una filosofía central a las sociedades prósperas —o las personas prósperas en ciertas sociedades—exaltando el placer como el bien más alto. Esta filosofía se hizo popular por el poeta romano Horacio en su obra *Para aprovechar el día* en 23 a.C. En su poema, él aconseja a sus lectores a vivir por el momento, a beber cada gota de placer que la vida ofrece, insistiendo: «Mientras hablamos, el tiempo, con envidia, nos deja atrás. Aprovecha el día y nada esperes del incierto mañana».

Esta filosofía, que celebra la búsqueda del placer mientras podamos, también aparece en la literatura griega antigua y se cruza con las enseñanzas del filósofo griego Epicuro. Los epicúreos creían que la experiencia del placer y la evitación del dolor era el objetivo principal de la vida. No eran necesariamente malas personas y no se les debe confundir con los hedonistas, que perseguían el placer sin límites morales. Simplemente querían sentirse bien, que nadie les molestara y vivir tranquilos. Los supuestos dioses a los que adoraban los epicúreos eran alegres y despreocupados y no les molestaba la condición humana. Los epicúreos, por lo tanto, vivían para ser alegres y despreocupados e imperturbables por la condición humana también. No creían en una vida después de la muerte, y por lo tanto suponían que el objetivo de la vida era el placer presente. Creían que necesitamos obtener placer mientras se pueda obtener con facilidad.

Esta era la mentalidad que el apóstol Pablo confrontó cuando les escribió a los corintios que: «Si los muertos no resucitan, ¡comamos y bebamos, que mañana moriremos!». Estaba diciendo que si Jesús no hubiera resucitado de entre los muertos, lo cual sí sucedió, entonces no habría resurrección. Si no hay resurrección, no hay una edad venidera ni vida eterna. En tal caso, más vale que nos unamos a los epicúreos y comamos y bebamos porque, de todos modos, esta vida se acabará pronto. Carpe diem. Aproveche el placer de cada día. Pero Pablo enseñó a los corintios que vale la pena luchar por la obra eterna de Dios.

Avancemos dos milenios, cuando el poeta estadounidense Robert Frost plasmó esta antigua idea de que el placer es de lo que trata la vida en su obra *Carpe Diem*. En él, la «edad» aconseja a los niños simplemente: «Sean felices, sean felices, felices, felices. Y aprovechen el día del placer».

Este es el asunto. Yo antes pensaba que carpe diem se trataba de lograr algo grande en la vida. Pero si de verdad significa que simplemente debemos perseguir el placer pasajero y evitar hacer cosas significantes y difíciles, entonces no me interesa. ¿Por qué? Porque he llegado a entender que el placer genuino y la verdadera paz están entrelazados con cumplir nuestro propósito. Si podemos redefinir carpe diem para que signifique aproveche el propósito de cada día, entonces me incluyo. Pero si significa que vivamos vidas agradables de poco peso y simplemente intentemos divertirnos, entonces me excluyo.

Permítame precisar este punto: La paz no se trata solo de nosotros o de nuestro estado emocional. Es una dádiva divina que hemos de aportar al mundo. Resuena profundamente con nuestro propósito diseñado por Dios. Él pudo haber impartido la paz en todas partes de una vez por todas por Su propia cuenta, pero Él nos ha dado el propósito de ser socios con Él en este proyecto de paz. Cada uno somos agentes de shalom, y cada uno tenemos trabajo que hacer.

Mi hijo Caleb, cuando tenía unos tres años, desesperadamente quería cortar el césped conmigo. Le compramos una podadora de juguete que emitía sonidos como de una podadora real. Él lo llamaba su «poda-poda». Mientras yo cortaba nuestro césped, él empujaba su poda-poda por todo el césped con una gran sonrisa en su rostro. Me encantaba. Yo no necesitaba su ayuda, por supuesto, pero disfrutaba plenamente de que fuera mi «socio». Similarmente, aunque Dios no necesita nuestra ayuda, Él decidió que quería terminar Su obra en este planeta asociado a nosotros. No nos necesita, pero nos quiere, e hizo que nuestra unión con Él en Su obra formara parte de nuestro propósito fundamental. Cuando completamos trabajo que avanza Su paz, le complacemos grandemente y cumplimos nuestro propósito, que nos trae gran placer a nosotros mismos. Tim Keller escribió: «La idea bíblica de *shalom* incluye tanto prosperidad física como espiritual». Cuando hacemos cosas físicas como producir y preparar alimentos que nutren, o construir casas que dan abrigo, o crear arte que inspira, u operar negocios que proporcionan productos que mejoran las vidas de las personas, estamos haciendo la obra de Dios. Y cuando hacemos cosas aparentemente más espirituales como servir en un albergue para personas que no tienen vivienda, o servir de voluntario o servir a la juventud en nuestra iglesia, o dirigir a un grupo pequeño que desarrolla comunidad sana, también estamos haciendo la obra de Dios.

Cada uno de nosotros tenemos que descubrir cómo hacer la obra de Dios alineada con Su deseo de traer la paz. Tenemos que preguntarnos: «¿Cómo está aumentando el shalom en este mundo lo que estoy haciendo con mi vida?». Esto podría suceder a través de nuestro trabajo, o de nuestra participación en el ministerio, o de la intencionalidad con la que estamos criando a nuestros hijos, y de muchas otras maneras. Sin embargo, para aprovechar el día, tenemos que cumplir nuestro propósito.

Es cuando perseguimos propósito en lugar de placer que hallamos el auténtico placer. Creo que es revelador, por ejemplo, que cuando Dios dio a Adán y Eva la descripción de su trabajo humano, incluyera la procreación. Debían extender el shalom de Dios por todo el planeta reproduciendo hijos hechos a imagen de Dios.

Imagino a Dios diciéndoles a Adán y Eva: —Tengo algo que quiero que hagan. Quiero que produzcan hijos.

Entonces le preguntaron: —Pues, ¿cómo hacemos eso?

Y Dios dijo: —Ustedes descubrirán cómo. Pero creo que lo van a disfrutar mucho.

No es como si en circunstancias normales un marido y su esposa dijeran: «¡Oh, no! Dios quiere que tengamos hijos. Mira lo que tenemos que hacer». No. No es así como Él lo diseñó. Él hizo que producir descendencia fuera uno de los principales propósitos de Adán y Eva, e hizo que su parte en ello fuera algo que les produjera placer.

No estoy tratando ser gracioso aquí. Este ejemplo tiene sus limitaciones, pero lo que sí es mi intención decir es que cuando Dios nos pide que hagamos algo, se asegura de que encontremos gozo en ello. Si usted hace lo que está en el propósito de Dios para usted, independientemente de lo fácil o difícil que pueda parecer, experimentará una gran alegría en general. Descubrirá dimensiones de paz cada vez más profundas a medida que haga su parte para aumentar la paz.

Reconozca su papel en el plan de paz de Dios y desempeñe ese papel con pasión. Le prometo que si persigue el propósito por encima del placer, conocerá la verdadera satisfacción.

Pregunta de reflexión

¿Su vida se define por perseguir placer o un propósito? ¿Hay ajustes que necesita hacer para vivir con más propósito?

veinticuatro

Venga Tu Reino

Ánimo. La paz que el Señor da está diseñada para aumentar. Cuanto más crecemos en nuestra relación con Jesús, más llega Su Reino a nuestras vidas, más aumenta la paz en nosotros y a través de nosotros. Las palabras de Isaías acerca de cómo Jesús vendrá y traerá Su Reino y la paz resuenan dentro de mí y me traen gran esperanza. «El aumento de Su soberanía y de la paz no tendrán fin». «Habrá poder y paz en su reino y seguirán creciendo para siempre». El Reino de Dios es el reino del gobierno de Dios, y hay paz siempre en aumento en Su reino.

La idea del Reino de Dios puede parecer esotérica, cósmica o irrelevante para nuestras vidas cotidianas. Sin embargo, la verdad es que no hay nada que sea más relevante, personal o práctico. Cuando Jesús vino a la tierra, trajo el Reino de los cielos y lo hizo accesible a todo el que cree en Él y le sigue, aquí y ahora. Dijo enfáticamente de sí mismo: «¡Llegó por fin la hora!… ¡El reino de Dios está cerca! Arrepiéntanse y crean las buenas noticias». Dallas Willard traduce así esta proclamación de buenas noticias: «Todos los asuntos preliminares ya se han resuelto... y el reino de Dios es ahora accesible a todos. Revise sus planes para vivir y base su vida en esta nueva y extraordinaria oportunidad».

Jesús habló del Reino de Dios más que de cualquier otro tema. Hizo hincapié en que cuando confesamos nuestra fe en Él y nacemos de nuevo, entramos en Su Reino y Su Reino entra en nosotros. Se trata de una dimensión totalmente nueva de la existencia. Siempre y dondequiera que llegue el Reino de Dios, llega el gobierno de Dios. Cuando llega el gobierno de Dios, también llega Su paz. A medida que el Reino se expande, el shalom se multiplica. Todo lo que el Reino infiltra se vuelve exponencialmente mejor.

Podemos pensar en el Reino de Dios como *definitivo*, que significa que ya vino en la persona de Jesús, y *progresivo*, que significa que está viniendo ahora en nosotros y a través de nosotros, y *final*, que significa que se manifestará plenamente *en el nuevo cielo* y la nueva tierra en la era venidera. Mi enfoque en este capítulo se centra en el aspecto *progresivo* del mismo. El Reino ha venido a usted y está en usted ahora, pero también está aumentando, o sigue viniendo en usted y a través de usted al mundo que le rodea. Y está trayendo más paz.

Sea consciente de que el Reino está destinado a crecer en usted. Sin embargo, usted necesita desear que crezca en usted. Sí que necesita orar para que venga el Reino. Sí necesita creer que obtendrá aquello por lo que ora. Sí necesita cultivar esta nueva realidad a través de la práctica de disciplinas espirituales que nutren su relación con Jesús y le ayudan a someterse totalmente a Su gobierno. Y a medida que lo haga, el Reino crecerá en usted. A medida que lo hace, «produce una cosecha de justicia y paz».

Jesús dijo que el Reino de Dios es como la semilla que cuando se esparce por la tierra brota y crece, aunque exactamente cómo sucede eso sigue siendo un misterio para el agricultor. También dijo que Su Reino «es como una semilla de mostaza que un hombre sembró en su campo». El Reino de Dios comienza en nosotros como algo invisible y poco visible, su funcionamiento es enigmático. Sin embargo, se expande constantemente en nuestro interior, ampliando su influencia a todas las facetas de nuestra vida.

La semilla del Reino es seminal. Algo que es seminal reproduce su propio especie. Hablamos de seminal en términos del comienzo de una cosa que multiplica muchas más cosas similares: un momento seminal, una idea seminal, una obra seminal, un invento seminal, un descubrimiento seminal. También podríamos hablar más literalmente de la semilla, o el semen, de un padre que, al plantarse en el vientre de una madre, concibe una nueva vida y crea toda una vida de realidades antes inexistentes. Pues bien, la semilla del Reino genera nueva vida, vida eterna, y desata un amplio conjunto de nuevas posibilidades. La semilla del Reino es seminal.

Mientras yo disfrutaba de un sabático en Florencia, Italia, tuve la bendición de ver una instalación artística en el Museo Nacional del Bargello que celebraba la obra de Donatello. Donatello es uno de los padres del Renacimiento y, según muchos, el mejor escultor que jamás haya vivido. Capté un sentido de su importancia para el mundo del arte cuando vi su *Madonna y el Niño* —un relieve en terracota pintada que data de alrededor de 1440— expuesta en una sala con otras obras de artistas inspirados en su trabajo.

La mayor parte del arte en este espacio era algún tipo de representación de María y el niño Jesús, como *La Virgen y el Niño con el infante San Juan* de Miguel Ángel expuesta a la vista de la obra de Donatello. Confieso no haber estado muy al tanto de Donatello, pero ¿Miguel Ángel? Desde luego que conocía de él. De hecho, mientras estaba allí en Florencia, recordé la famosa escultura de la Virgen con el Niño que Miguel Ángel talló en una sola pieza de mármol y que había visto anteriormente en Brujas, Bélgica. Esa obra maestra de Miguel Ángel de 1503 es tan codiciada que ha sido robada dos veces, incluyendo por los nazis en 1944, cuando fue notoriamente recuperada y restaurada por los *Monuments Men,* los soldados encargados de recuperar obras de arte acerca de quienes se hizo una película protagonizada por George Clooney y Matt Damon. ¿Está interesado ahora?

Mi punto, por supuesto, es que *La Madonna con el Niño* de Donatello fue seminal. Miguel Ángel fue alumno de un alumno de Donatello y se inspiró en la obra de este. Miguel Ángel pasó después a crear obras aún más populares. Mientras yo observaba la obra seminal de Donatello, veía a mi alrededor, en aquel museo y en mi memoria de otros museos que había visitado, una cosecha de esculturas, una verdadera multiplicación de su obra por muchas otras a lo largo de los años y en todo el mundo. Lo cual es —al menos, para mí— realmente genial.

Pero eso es solo arte y esculturas. La semilla seminal del Reino de Dios ha lanzado nuevos mundos. Crea nueva vida. Y cuando crece, multiplica una cosecha de todo bien concebible. Hace que todo sea mejor. Trae orden al caos, belleza a lo feo y abundancia a la pobreza. Sana corazones rotos y familias destrozadas. Trae esperanza donde hay desesperanza y calma nuestros temores ansiosos. Nos abre los ojos a nuevas potencialidades y nos catapulta hacia la vida que Dios sueña para nosotros. El Reino hace proliferar el shalom.

El Reino de Dios está en usted y está creciendo. ¡Shalom se está expandiendo! A medida que asimila usted estas palabras, su vida está mejorando, lo vea o no. Las vidas de las personas en las que usted influye también están mejorando inevitablemente. Mientras la totalidad de shalom espera el amanecer del mundo venidero, el Reino crece ahora, extendiendo la paz en círculos cada vez más amplios. Tome ánimo. Anímese. Es más, dese permiso para emocionarse. El aumento de Su soberanía y de la paz no tendrá fin.

Pregunta de reflexión

¿Puede imaginarse el Reino invisible de Dios infiltrándose en cada parte de su vida? ¿Cuáles serían los efectos visibles y prácticos de ello? ¿Cómo puede cultivar el Reino en su interior?

Veinticinco

Paz En Babilonia

Permítame contarle acerca de la noche cuando el gobernador inesperadamente llegó a nuestro hogar para cenar. Nuestro varón mayor y el hijo de en medio, Caleb, quien en aquel entonces estaba cursando su último año de media vocacional, estaba siendo reclutado para jugar fútbol americano por varias universidades. Una de las escuelas, su primera preferencia y con la que soñaba, era la Universidad Yale. Pero Yale era una posibilidad remota. Caleb había sido educado en casa hasta el noveno curso, lo que se salía de la norma, no había jugado al fútbol hasta que estaba en el tercer año de la escuela preparatoria, y la mayoría de las plazas del equipo de Yale ya se habían ofrecido a otros jugadores. Además, no teníamos el tipo de relaciones heredadas que tanto importan en una escuela de élite de la Ivy League.

La noche que el reclutador vino para cenar, nuestro hijo menor, Christian, estaba en un entrenamiento de baloncesto con un equipo itinerante de los mejores jugadores de su edad en nuestro municipio. El entrenador de este equipo era el entonces gobernador de Nueva Jersey, Richard Codey, quien también había entrenado de forma similar a un equipo de baloncesto en el que había jugado Caleb. Le pedimos a Christian que consiguiera que los padres de un compañero de equipo lo trajeran a casa.

Estábamos en plena cena con el reclutador, esforzándonos a causar una impresión favorable, cuando sonó el timbre de la puerta. Fui a la puerta y me sorprendió ver a Christian acompañado de un radiante gobernador Codey. El gobernador, habiendo oído que el reclutador de Yale estaba allí, entró, se dirigió a la mesa de la cena, sacó una silla y empezó a servirse como si cenara con nosotros todas las noches, aunque nunca había estado dentro de nuestra casa. Celebró generosamente a Caleb y a nuestra familia delante de reclutador y nos deleitó a todos con anécdotas y bromas de la manera en que solo pueden hacerlo los políticos más exitosos. La cena, que ya era un éxito gracias a la competencia de Caleb y a la hospitalidad de Sharon, se convirtió en un éxito rotundo. Unos meses más tarde, Caleb comenzó cuatro magníficos años de fútbol y aprendizaje en la Universidad Yale.

Esta experiencia es una de muchas cosas que me vienen a la mente cuando considero las palabras transformadoras de Jeremías a los exiliados judíos en Babilonia. Les dijo que planearan estar allí por un tiempo, que echaran raíces, que se casaran y tuvieran hijos, quienes a su vez habían de casarse y tener hijos y: «multiplíquense allá y no disminuyan. Además, busquen el bienestar de la ciudad adonde los he deportado y pidan al Señor por ella, porque el bienestar de ustedes depende del bienestar de la ciudad[shalom]».

O «Procuren el bienestar de la ciudad... porque cuando ella prospere, ustedes prosperarán». Jeremías dio estas instrucciones a las personas que un día regresarían milagrosamente a Jerusalén, pero los animó: «inviertan en Babilonia como si fueran a estar allí para siempre, porque si Babilonia tiene shalom ustedes también tendréis shalom».

Hace muchos años, Sharon y yo nos sentimos llamados a levantar una gran iglesia en un lugar donde no había muchas iglesias grandiosas. Nos establecimos en West Orange, Nueva Jersey, a menos de veinte kilómetros de Manhattan. Al principio la iglesia era muy pequeña. Decidí enfocar mis esfuerzos en servir a nuestra comunidad de unas 50.000 personas de cualquier manera que pudiera. Entre otras cosas, me uní a un club de servicio y me convertí en su co-capellán con un maravilloso monseñor católico romano. En el club de servicio conocí al fallecido Donald Codey, un hombre encantador, y a través de él llegué a conocer a su hijo, un senador estatal y futuro gobernador.

Conforme crecía la iglesia, nuestra congregación se dedicó por completo a servir a West Orange y sus comunidades circundantes. Alimentamos a los hambrientos, atendimos a las personas sin vivienda, realizamos proyectos de apoyo a las escuelas locales, limpiamos calles, compramos bicicletas para el servicio de vigilancia comunitaria del departamento de policía, donamos desfibriladores al escuadrón de primeros auxilios, proveímos música para los eventos de la ciudad y mucho, mucho más. En algún momento, el senador Codey se dio cuenta del floreciente ministerio de nuestra iglesia para la recuperación de adictos y alcohólicos, y consiguió una importante subvención a lo largo de varios años para ayudar a financiar nuestros esfuerzos. Tomó nota cuando esta iglesia, antaño pequeña, y nuestra influencia seguían creciendo y creciendo.

Da la casualidad de que mis hijos son atletas de gran talento, y el gobernador Codey es un fanático del baloncesto que entrenó a cada uno de ellos durante años. Pero la raíz de la relación que llevó a su intervención en la cena es que él y yo, y su padre antes que él, amamos a nuestra comunidad y cada uno a nuestra manera nos hemos comprometido a buscar su shalom. Aunque no puedo explicarlo del todo, sé que de alguna manera mi búsqueda del bienestar de la comunidad está interconectada con el bienestar de mi familia; en este caso, con el bienestar de Caleb. Conforme mi congregación y yo hemos bendecido a las comunidades en las que vivimos y adoramos, las bendiciones se nos han revertido. Nosotros prosperamos y nuestras comunidades prosperan también.

En ocasiones, sobre todo en los primeros años, Sharon y yo teníamos un sentido de exilio en Nueva Jersey, donde vivimos. Nos criamos en una zona del país donde había una fuerte influencia cristiana, y esta región era muy diferente. De muchas maneras, nos sentimos fuera de sintonía con la cultura. Me he encontrado en el lado opuesto de muchas de las principales cuestiones morales y sociales de nuestro día, tanto con el mencionado gobernador como con la mayoría de mis otros amigos políticos importantes. He discutido a gritos con él y con otros líderes políticos con los que tengo gran afinidad y, sin embargo, discrepo vehementemente en asuntos importantes para mí y para muchas otras personas de fe y valores cristianos ortodoxos. Espero que mi voz haya sido escuchada y que haya influido en el discurso político para bien, aunque sea de alguna pequeña manera. En cualquier caso, he decidido enfocarme en buscar el shalom del lugar en el cual vivo. Incluso cuando se siente como Babilonia.

Pienso mucho acerca de la gracia común. La gracia común tiene que ver con esas muchas áreas en las que la mayoría de los seres humanos encontramos cosas en común. A la mayoría de nosotros nos encanta una hermosa puesta de sol, ver felices a nuestros hijos, facilitar que se satisfagan las necesidades de los necesitados y saber que nuestras comunidades son seguras, nuestras calles están limpias y nuestros negocios prosperan. Creo que los cristianos necesitamos ser conocidos no solo por la gracia especial que nos llega a través de Jesús, sino también por nuestros esfuerzos por promover el bien común con otros con los que compartimos la gracia común. Necesitamos perseguir el bienestar de las personas y los lugares que nos rodean y aumentar la paz y la prosperidad allí donde estemos.

Uno de los grandes desafíos a los que nos enfrentamos es cómo contribuir a la sociedad sin comprometernos con el mundo que nos rodea. En última instancia, nuestro testimonio de las Buenas Nuevas acerca de Jesús y de Su nueva manera de vivir aporta el mayor bien a todos, en todas partes. No tenemos que abandonar la verdad del Evangelio y la Palabra de Dios.

Confío, sin embargo, en que podemos ser como los más exitosos de los exiliados, hombres como Daniel, que como judío llegó a ser «gobernador de toda la provincia de Babilonia», y Sadrac, Mesac y Abednego, a quienes «el rey puso el rey puso sobre la administración de la provincia de Babilonia». Ayudaron a Babilonia a prosperar pero no comprometieron su fe ni un ápice, incluso cuando se enfrentaron a un foso de leones y a un horno de fuego.

Promovieron el shalom incluso en el exilio y, en general, ellos y sus personas disfrutaron del shalom.

Sospecho que cuando usted se dedique a aumentar la paz, se sorprenderá de las maneras en que la paz llegará a usted, tal vez como un gobernador que llama a su puerta y, a su manera, dice: «Usted ha buscado la paz de los que le rodean. Ahora, permítame ver si hay algo que pueda hacer para ayudarle a prosperar». Lleve bendiciones dondequiera que esté. Nunca sabe a quién o qué puede usar Dios para traerle Sus bendiciones.

Pregunta de reflexión

¿Está trabajando de manera práctica para ayudar al mundo y a los que le rodean a prosperar? ¿Incluso a aquellos con los que puede estar en desacuerdo? ¿Puede enfocarse en un área de gracia común y hacer avanzar el bien en ella?

veintiséis

Lo Bueno Y Lo Bello

En el corazón de Florencia, entre ondulantes colinas y majestuosas vistas, se alza un testamento de bondad y belleza: el Hospital de los Inocentes. Establecido alrededor de 1419, es una de las primeras instituciones desarrolladas en Europa para atender a niños abandonados. Estos niños no deseados, o niños deseados pero nacidos en familias que no tenían los medios para cuidarlos, eran abandonados indiscriminadamente por la ciudad con la esperanza de que alguien con medios los encontrara y los acogiera. Un grupo de empresarios compasivos decidió poner remedio a este apremiante problema social concibiendo esta institución dedicada a cuidar de estas almas vulnerables.

Estos visionarios contrataron al arquitecto Filippo Brunelleschi para que diseñara y construyera la estructura física del hospital, y consiguieron una propiedad con impresionantes vistas de Florencia y de las colinas circundantes en la cual ubicarlo. Brunelleschi fue el arquitecto más importante del Renacimiento. Diseñó el Duomo, una de las mayores obras arquitectónicas del mundo en torno a la cual se levanta Florencia, así como muchos otros edificios emblemáticos. El Hospital de los Inocentes sigue en pie hoy en día como modelo de la gloriosa arquitectura renacentista. También alberga una cautivadora colección de arte —incluyendo pinturas, esculturas y mosaicos de renombre—, gran parte de ella encargada específicamente para el hospital.

El Hospital de los Inocentes ha acogido y criado con ternura a miles de niños a lo largo de los siglos, y sigue atendiendo a mujeres y niños en la actualidad. Cuando Sharon y yo lo visitamos, escuchamos muchas historias conmovedoras que relataban cómo se salvaba a niños abandonados de la muerte o de una vida difícil en la penumbra de la sociedad, dándoles una vida en la que sabían que eran deseados y amados.

En el Hospital de los Inocentes fui testigo de una conmovedora fusión de belleza y bien. Las personas que crearon este lugar lo hicieron porque querían hacer el bien. Pero también crearon belleza en la fisicalidad de este lugar donde querían hacer el bien. Quiero usar esto para ilustrar una verdad muy importante: hacer el bien es inherentemente bello, y crear belleza es profundamente bueno.

Otro detalle impresionante acerca del Hospital de los Inocentes es que una abertura en la pared del hospital servía como ventana de paso donde, normalmente, una madre angustiada traía a su bebé y lo colocaba anónimamente en la ventana abierta desde el exterior, permitiendo que el bebé fuera recibido por uno de los proveedores de cuidados del hospital en el interior. Estatuas exquisitamente esculpidas de María y José se erguían como centinelas en los lados opuestos de esa ventana que daba al exterior. Era una escena de la natividad sin el niño Jesús. En lugar del pesebre estaba la ventana abierta. El mensaje era: «Si deja aquí a su bebé, cuidaremos de él de la misma manera que cuidaríamos del niño Jesús». Cuando vi esto, oí resonar en mi alma las palabras de Jesús: «en cuanto lo hicieron a uno de estos hermanos Míos, aun a los más pequeños, a Mí lo hicieron».

Me encanta cómo los creadores de esta institución la diseñaron para hacer el bien de una manera tan hermosa. El gran filósofo y teólogo Jonathan Edwards llamaría a la belleza física del hospital belleza secundaria. La belleza secundaria se encuentra en las cosas físicas creadas por Dios y por las personas hechas a imagen de Dios. Aquí, la belleza secundaria incluía a las magníficas colinas que rodean Florencia, la impresionante arquitectura de Brunelleschi y las exquisitas estatuas de María y José. Luego está la belleza primaria . La belleza primaria es lo que ocurre cuando un proveedor de cuidados dentro del hospital sostiene en sus brazos a un bebé abandonado y le susurra suavemente: «Aquí eres deseado». Un acto de amor es primario, más bello incluso que una puesta de sol. En cualquier caso, tanto la belleza del mundo físico como la belleza de un alma que expresa amor reflejan y apuntan a la «belleza suprema». La belleza suprema es Dios.

Dios es bello y Dios es bueno. Cuando hace el bien, difunde belleza, y cuando difunde belleza, hace el bien. ¿Qué dijo Él mientras creaba alegremente este hermoso mundo material? «¡Es bueno!» Océanos y montañas, criaturas de la tierra y del mar, las personas como usted y como yo. Bello y bueno. Propongo que hagamos más el bien y que lo hagamos de maneras más bellas. Podríamos, si quisiéramos, levantar algún edificio feo y cuidar de los huérfanos, o predicar las Buenas Nuevas en un lugar feo. O podemos elegir crear entornos que reflejan la belleza del Señor en los cuales hacemos Sus buenas obras.

Hay una palabra en el Nuevo Testamento que se traduce tanto «bueno» como «bello». Cuando una mujer derramó un lujoso perfume sobre Jesús, Él no solo indicó que era bueno lo que había hecho sino que había hecho «una obra hermosa conmigo». Cuando usted canta una hermosa canción o construye un hermoso edificio, está haciendo el bien. Cuando acoge a un niño o ayuda a una pareja a salvar su matrimonio, está haciendo lo bello. Todos tenemos la capacidad y la obligación de hacer el bien y crear belleza. Esto me inspira a repetir algo que escribí anteriormente:

> Participamos en la continua actividad creadora de Dios en nuestro mundo, ya sea concibiendo un hijo, diseñando una obra de arte, desarrollando un negocio, escribiendo un plan de estudios para grupos de aprendizaje o imaginando nuevos inventos. Todas las cosas que creamos apuntan al creador y reflejan Su belleza... Usted no tiene por qué aceptar la fealdad, ya sea en un paisaje, un matrimonio o una comunidad. Usted tiene el potencial de querer y actuar para hacer algo bello que refleje la grandeza de Dios en lugar del desorden de la humanidad.

Cuando hacemos el bien y difundimos la belleza, aumentamos el shalom. Cornelius Plantinga escribió shalom es «el entrelazamiento de Dios, los seres humanos y toda la creación en justicia, realización y deleite». El deleite es un elemento esencial en esta mezcla de ingredientes shalómicos, y nos deleitamos en lo que es bello. El salmista lo captó en su anhelo de «contemplar la hermosura del Señor» o de pasar tiempo «deleitándo(se) en la perfección del Señor».

Un estudio fascinante reveló que de los innumerables factores que contribuyen a la felicidad de los habitantes de las ciudades, el factor singular más importante es la presencia de la belleza. La belleza y el deleite caminan de la mano. Si pretendemos fomentar el shalom allí donde estemos, necesitamos hacer cosas buenas, cosas bellas, que inspiren deleite. Y a medida que el shalom aumenta en nuestras vidas, debemos hacer más cosas buenas y crear más belleza. Los autores Douglas Jones y Douglas Wilson opinan proféticamente:

> Desde que los reinos de los hombres fueron primero sacudidos hasta los cimientos y reemplazados por el Reino que no puede ser sacudido, hemos visto cosas maravillosas. Los avances en teología, arquitectura, pintura, confesiones, filosofía, literatura y música han sido considerables; conforme Su reino siga creciendo, podemos esperar ver lo que el ojo aún no ha visto.

O dicho de otra manera, conforme el Reino de Dios y la paz aumentan en nosotros y a través de nosotros, debemos esperar encontrar más y mejores maneras de hacer avanzar el bien y engendrar belleza. Debemos esperar ser más imaginativos, más inventivos y más eficaces en el cumplimiento de nuestro propósito singular de extender shalom.

Alguien dijo sabiamente: «Algunas personas buscan un lugar hermoso, otros hacen que un lugar sea hermoso». Le sugiero que, independientemente de la condición actual del mundo que le rodea, acepte su responsabilidad de hacer el bien y hacer más bello el mundo que le rodea. Acoger este mandato nos conecta con los primeros seres humanos creados a imagen de Dios. Debieron difundir la bondad shalómica y la belleza del Edén por todas partes. Como nueva creación de Dios, tenemos que recoger su manto caído. Tenemos que difundir el shalom por todas partes. Y al hacerlo, daremos vida a realidades que son innatamente buenas e innegablemente bellas. Lo bueno es realmente bello y lo bello es realmente bueno.

Pregunta de reflexión

¿De qué maneras está creando realidades bellas y buenas? ¿Ve el potencial de hacer más, quizá de maneras en las que no ha pensado antes?

veintisiete

Guerra Y Paz

El Salmo ciento veinte articula una perspectiva acerca de la paz que necesitamos abordar antes de concluir nuestra travesía juntos. El salmista está enfrentando resistencia por parte de personas que no quieren paz. «Ay de mí, que soy extranjero en Mésec, que he acampado entre las tiendas de Cedar! ¡Mucho tiempo es el que he acampado entre los que aborrecen la paz! Soy un hombre de paz, pero si hablo de paz, ellos hablan de guerra». Los pueblos de Mésec y Cedar eran conocidos por su hostilidad y por emprender guerras. El salmista lamenta que él vive entre gente que rechaza shalom, y está cansado de la constante confrontación y el conflicto. ¿Se puede usted identificar? Yo sí. Permítame recordarle que hay gente y sistemas en este mundo caído y poderes oscuros en la atmósfera que nos envuelven, que se oponen a nuestros esfuerzos de aumentar la paz.

Mi papá era un joven durante la guerra de Vietnam. No lo reclutaron y no sirvió, pero sentía una profunda empatía por los que sí servían y estaba agradecido por ellos, incluyendo un amigo por quien nuestra familia oraba a diario durante el tiempo que sirvió. Papá siempre era consciente de que los desafíos que se le presentaban nunca eran tan abrumadores como los horrores que sufrían los que estaban en Vietnam, y con frecuencia respondía a alguna dificultad diciendo: «Al menos no es Vietnam».

Hace algunos años, mi papá tuvo cirugía de corazón abierto, y, después de varios días traumáticos en los que luchó por su vida, por fin se despertó y se encontró con un equipo médico a su alrededor. Un médico le preguntó cómo estaba, y él dijo débilmente: «Al menos no es Vietnam». Varios miembros del equipo le respondieron: «Gracias por su servicio, señor». Mi papá estaba demasiado fuera de sí para protestar, y yo, parado atrás al fondo y simplemente feliz de que estuviera vivo, solo pude sonreír.

Pues bien, el salmista está indicando aquí que la oposición que está enfrentando es tan severa que es como Vietnam. Mésec, Cedar, lugares y lugares de conflicto sin fin estaban impidiendo la paz y frustrando sus intentos de ser pacificador. «Si hablo de paz, ellos hablan de guerra». En ocasiones el mundo a nuestro alrededor, el entorno en el cual vivimos, las fuerzas incesantes que se oponen a nosotros, nos hacen sentir como si viviéramos en un Vietnam espiritual.

Jesús les advirtió a Sus discípulos que habría personas que no recibirían el Evangelio de paz. «En cualquier casa que entren, digan primero: "Paz a esta casa". Si hay allí alguien que promueva la paz, la paz de ustedes reinará en ella; y si no, la paz regresará a ustedes». Intimó en otra ocasión que no todos lo reconocerían ni acogerían a Sus representantes y algunos harían elecciones que resultarían no en «paz, sino espada».

Quizá esa es la razón por qué Pablo instó pragmáticamente: Si es posible, y en cuanto dependa de ustedes, vivan en paz con todos». Por lo general, la paz es posible. Proverbios enseña: «Cuando la vida de alguien agrada al Señor, hasta sus enemigos están en paz con él». Así es como se supone que la vida debe funcionar y es por lo que siempre debemos trabajar y esperar. Pero Dios dio a las personas libre albedrío y, lamentablemente, algunas eligen decirle no a Él y a la paz que Él da y a la paz que queremos compartir.

A veces nuestra búsqueda de establecer el Reino de Dios y aumentar la paz se sentirá como guerra. Existen fuerzas espirituales malévolas que se oponen a nuestras fuerzas para traer shalom. Un conflicto cósmico ruge entre el bien y el mal, el reino de las tinieblas y el Reino de la luz. Esta batalla tiene su sede en el dominio invisible del espíritu, y sin embargo influye en el mundo de lo material y visto.

Esto se demuestra en tres pasajes iluminadores de los Efesios:

1. Dios «nos ha bendecido en las regiones celestiales con toda bendición espiritual en Cristo».
2. Estamos sentados con Cristo «en las regiones celestiales, muy por encima de todo gobierno y autoridad, poder y dominio, y de cualquier otro nombre que se invoque».

3. Nuestra lucha es contra «poderes, contra autoridades, contra potestades que dominan este mundo de tinieblas, contra fuerzas espirituales malignas en las regiones celestiales».

Las «regiones celestiales» mencionadas en cada uno de estos versículos es «el mundo invisible de la realidad espiritual» que nos rodea e invade el mundo en el que vivimos. Somos inconmensurablemente bendecidos y estamos sentados con Cristo que ejerce una gran autoridad espiritual allí, sin embargo, a la inversa, también estamos contendiendo con las «fuerzas espirituales del mal» ubicadas allí. Esto es, por supuesto, lo que comúnmente se denomina «guerra espiritual».

Así que puede que queramos la paz, pero hay fuerzas que influyen en este mundo y algunas de las personas que lo componen quieren la guerra. Reconocer esta realidad es vital. A veces, cuando nos esforzamos por hacer el bien, parece que se desata el infierno, porque de hecho así es. Usted y yo enfrentaremos resistencia. C. S. Lewis señaló acertadamente: «Existen dos errores iguales y opuestos en los que nuestra raza puede caer acerca de los diablos. Uno es no creer en su existencia. El otro es creer y sentir un interés excesivo e insano por ellos». El delicado equilibrio reside en que reconozcamos el mal, pero enfocarnos como un láser en lo que somos en Cristo. Él ganó la victoria sobre el mal a través de Su vida, muerte y resurrección, y ahora reina en los reinos celestiales con autoridad sobre todo poder oscuro. Debido a quién es usted en Él, tiene la seguridad de que si resiste al mal y al maligno, «huirá de usted».

La Segunda Guerra Mundial se ganó esencialmente en el teatro europeo cuando los Aliados invadieron Normandía el 6 de junio de 1944. El Día D. Pero los alemanes no se rindieron hasta el 8 de mayo de 1945. El Día V-E. Esos once meses finales de guerra fueron necesarios para asegurar la victoria ya conseguida. Los Aliados lucharon duro, y a un precio terrible, para recuperar territorio, liberar a las personas e invadir la esfera del enemigo.

Esto es análogo a nuestra guerra mundial espiritual. Dios, por las razones que sean, decidió que la victoria de Jesús sobre el mal hace 2.000 años tiene que ser asegurada y avanzada por Sus seguidores desde ese momento hasta la inauguración de la era venidera. Tenemos que saber que Jesús ganó la victoria, y que la victoria final es inevitable, y al mismo tiempo saber que la guerra es real. Pero si estamos dispuestos a luchar, incluso para traer paz, ganaremos.

Libramos batallas espirituales con medios espirituales. Tenemos que recordar que, en última instancia, no estamos luchando contra personas humanas, sino contra «personas sin cuerpo» que promueven el mal. Por lo tanto, amamos y oramos por nuestros enemigos incluso mientras oramos contra las fuerzas que influyen en ellos. Nutrimos nuestra relación con Dios sabiendo que cuando nos sometemos a Dios y resistimos al mal, el enemigo es derrotado. Seguimos haciendo el bien porque «vence(mos) el mal con el bien». Llenamos nuestras mentes con la Palabra de Dios y refutamos las mentiras del enemigo con la verdad. Elevamos alabanza a Dios dándonos cuenta de que cuando magnificamos a Dios, disminuimos el mal y hemos «has construido una fortaleza, para silenciar al enemigo».

Esta clase de actividades y otras más nos ayudan a ponernos «toda la armadura de Dios» y a vencer, incluso cuando expandir la paz se siente como guerra. La armadura de Dios es una metáfora central de la guerra espiritual en las Escrituras, y parte de la armadura de Dios es tener nuestros pies «calzados con la disposición de proclamar el evangelio de la paz». Las Buenas Nuevas que ahora conocemos sobre la paz —¡shalom!— significan que nos mantenemos a «pie firme» con «presteza para anunciar la Buena Nueva de la paz», a pesar de las fuerzas que se despliegan contra nosotros. Hay momentos en los que nuestros esfuerzos por aumentar la paz pueden parecer como si hubiéramos entrado en un Vietnam espiritual, pero aumentar la paz es lo que somos llamados a hacer. Y merece la pena luchar por la paz.

Pregunta de reflexión

¿Siente a veces resistencia espiritual a sus esfuerzos por ser y hacer el bien? ¿Puede identificar áreas de su vida en las que necesita decidirse a pelear la buena batalla sabiendo que la lucha merecerá la pena y que la victoria es inevitable?

veintiocho

La Paz Sea Con Usted

El mundo cambió para siempre en el momento que el Jesús resucitado se apareció por primera vez a Sus discípulos reunidos. Esto es lo que Juan, quien estaba allí, relata:

> Jesús vino y se paró en medio de ellos y dijo: «¡Shalom lechem (la paz sea con ustedes)!» Y cuando hubo dicho esto, les mostró las manos y el costado. Los discípulos estaban absolutamente extasiados... Entonces Jesús les dijo de nuevo: «¡Shalom (a)lechem (la paz sea con ustedes)! Igual que el Padre me ha enviado a mí, ahora yo os envío a vosotros».

Todo lo que Dios había querido para las personas que Él había creado, y todo lo que habían perdido, era ahora accesible de nuevo a través de la vida, muerte y resurrección de Jesucristo. Sus primeras palabras a estos discípulos no son un accidente. «Shalom (a)lechem», o «la paz sea con vosotros», era un saludo hebreo acostumbrado que aún prevalece en el Medio Oriente. Sin embargo, como sostiene el teólogo Gary M. Burge, «Aquí estas palabras son mucho más que un saludo. A un nivel profundamente personal, Jesús está resumiendo la esencia de su obra y de su presencia en el mundo. La paz es el regalo de su reino». Es como si Jesús se pusiera en medio de sus discípulos y anunciara: «Ahora pueden tener paz. Mírenme. Miren lo que he hecho. Ahora todo puede ser como debía ser. Ahora, lleven esta paz al mundo».

Los discípulos se habían reunido a puerta cerrada temerosos de los poderes que habían dado muerte a Jesús. Pero cuando lo vieron no muerto y oyeron Su proclamación de shalom, su temor se metamorfoseó en éxtasis. ¿Y por qué no? Él encarnaba lo que el mundo había estado esperando. Estaban sumamente atentos a las numerosas profecías acerca de un Mesías venidero que pondría las cosas en orden en este planeta. En ese momento, al verlo vivo y habiendo triunfado sobre la muerte misma, seguramente se dieron cuenta de que esas profecías se habían cumplido ahora en esta sola persona.

Dios mismo había prometido en el Edén que vendría un hombre, aplastaría la cabeza de la serpiente y traería de nuevo Su bendición. Isaías profetizó que el Dios Poderoso Príncipe de Paz traería Su Reino y aumentaría la paz. El salmista prometió que a través del Mesías llegaría la salvación y que en Él se abrazarían la justicia y la paz. Miqueas predijo que de Belén vendría uno que es a la vez el anciano de días y el hombre de paz. Zacarías predijo que el Mesías nos mostraría cómo encontrar la paz donde no la había habido paz. Y ahora, Jesús estaba allí declarando: «He hecho todo lo que se necesita hacer. La paz sea con ustedes». No es de extrañar que estos discípulos, antes asustados, «se llenaron de alegría cuando vieron al Señor».

Debido a quién es Jesús, debido a lo que ha hecho y hace, nosotros tampoco debemos tener miedo. ¿Qué le inquieta hoy? ¿Qué le preocupa acerca de su futuro? ¿Qué está sucediendo en su vida que no armoniza con las buenas intenciones de Dios? Reciba la seguridad de Jesús: «En mí tengan paz. Aquí en el mundo tendrán muchas pruebas y tristezas; pero anímense, porque yo he vencido al mundo».

Necesitamos reconocer de nuevo que el mundo sigue teniendo problemas y que nosotros también los tenemos. Vivimos en la tensión de la era del «ya pero todavía no» de la historia redentora. El Reino y la paz han venido a través de Jesús y siguen viniendo a través de nosotros hoy, pero ninguno de los dos llegará plenamente hasta que Jesús venga de nuevo. En esa era venidera, viviremos en una realidad de todo shalom, sin problemas, el cielo ha venido a la tierra. Por ahora, sin embargo, tenemos que recordar que aunque vivimos en un mundo «todavía no», Jesús «ya» es. Él ya aseguró la paz, Él ya es la paz, Él ya nos da Su paz, incluso en un mundo en el que las cosas aún no son como serán.

En una ocasión escuché al gran Dallas Willard diferenciar entre tener *fe en* Cristo y tener la *fe de* Cristo. ¿Recuerda la historia en la que Jesús calmó la tormenta? Estaba con sus discípulos en una barca cuando «se desató una tormenta feroz y olas violentas entraban en la barca, la cual empezó a llenarse de agua. Jesús estaba dormido en la parte posterior de la barca, con la cabeza recostada en una almohada». Los discípulos estaban aterrorizados y despertaron a Jesús suplicándole: «¿No te importa que nos ahoguemos?». Y Jesús dijo:«¡Silencio! ¡Cálmense! y «hubo una gran calma». Los discípulos tenían fe en Jesús. Creían que Él podía salvarlos de los problemas, y lo hizo. Pero no tenían la fe de Jesús. Si hubieran tenido la fe de Jesús, habrían actuado más como Jesús: sin miedo, quizás incluso descansando tranquilamente durante la tormenta.

Pues bien, querido lector, tenemos la paz de Jesús. No solo creemos en Él y en Su paz. De hecho recibimos Su paz cuando creemos. Jesús prometió: «Mi paz les doy. No se angustien ni se acobarden». Independientemente de lo perturbado que esté este mundo, nuestros corazones no se deben turbar. Tenemos shalom y todo lo que eso significa, incluso en medio de las tormentas de la vida. Jesús vive. Él está con nosotros por medio del Espíritu Santo, y nos da Su paz que nunca termina.

Concluyamos nuestra travesía donde la comenzamos: Shalom es lo que Dios desea para usted. Su celo por nuestra paz lo consume. Puede que usted observe a su alrededor y se pregunte a veces si la paz es posible, pero la paz es lo que Dios sueña para usted, y Él hace posible la paz. Por mucho que usted desee que todos los aspectos de su vida funcionen juntos de la manera que Dios quiere, Él quiere más. Por mucho que usted desee un bienestar integral, Él lo quiere más. Por mucho que quiera prosperar y ser productivo, Él lo quiere más. Por mucho que usted quiera sentirse felizmente realizado, Él quiere más. Él movió el cielo a la tierra para traerle paz.

Me viene a la mente una antigua parábola basada en una remota aldea de la India. Disculpen lo gráfico de la escena, pero la crudeza del detalle parabólico es digna de mención. Un joven estaba profundamente infatuado con una joven. Intentó desesperadamente ganarse su amor, pero ella no sentía ningún afecto por él. Es más, ella se aprovechó malvada y repetidamente de sus sentimientos hasta que finalmente le exigió algo impensable. Le dijo que podía comprobar su amor quitándole la vida a su madre y trayéndole el corazón de ella. Y, en un acto de locura, él asesinó a su madre y le arrancó el corazón de su cuerpo. Mientras corría por un espeso bosque para llevarle el corazón de su madre a esta mujer perversa, se tropezó y cayó al suelo, dejando caer el corazón aún palpitante que rodó entre la maleza. Cuando lo encontró, sostuvo el corazón en sus manos y oyó la voz de su madre que palpitaba desde él, preguntando rítmicamente: «Hijo, ¿estás herido?... Hijo, ¿estás herido?»

Captamos instintivamente el poder de esta historia. Cada latido del corazón de una madre habla a sus hijos, independientemente de lo lejos que se hayan desviado, y resuena: «Te amo, te amo, te amo». El amor de una madre es una parte incuestionable del drama humano. Sin embargo, hay un amor que supera en gran medida el amor de una madre, y es el amor del Dios que nos imaginó, nos creó, nos dio un propósito. Si pudiéramos sostener Su corazón en nuestras manos, cada latido transmitiría Su implacable pasión por nosotros. Puedo oír Su corazón hablando ahora: *¿Estás herido? ¿Estás ansioso? ¿Tienes miedo? ¿Anhelas algo mejor? ¿Algo más? Que la paz sea tuya, que la paz sea tuya, que la paz sea tuya.*

Les dejo con esta bendición «Que el Señor mismo de la paz le dé paz en todo momento y en toda forma».

Shalom (a)lechem, amigo mío. El Señor le dé la paz.

Pregunta de reflexión

¿Cuáles son algunas maneras en que su vida se está alineando con el deseo de Dios de darle paz? ¿Ve evidencias de que shalom está aumentando en usted y a través de usted? Confiese que lo verá aumentar cada vez más.

NOTAS SECCIÓN CUATRO

CAPÍTULO 22: HACEDORES DE SHALOM

Dios «promete paz a su pueblo»: Salmo 85:8

«Prolongarán tu vida»: Proverbios 3:2

«Bienaventurados los pacificadores»: Mateo 5:9

«Los que hacen paz»: Lisa Sharon Harper, *The Very Good Gospel: How Everything Wrong Can Be Made Right* (Colorado Springs: WaterBrook, 2016), 12.

«Tenemos que hacer florecer a otros»: Sherman, *Agents of Flourishing*, 18.

«Shalom no solo es un regalo increíble» ... «La paz es un regalo y una tarea»: Brueggemann, *Peace*, 129, 87.

El mensaje del Señor que tú me has traído»: 2 Reyes 20:19

«Señor y Dios nuestro, sálvanos de su mano»: Isaías 37:20

«Para que... sea conocido tu camino»: Salmo 67:2–7

CAPÍTULO 23: ¿CARPE DIEM?

«¡La paz sea con ustedes!» Juan 20:21

«Mientras hablamos, el tiempo, con envidia, nos deja atrás»: Horace Horace, *The Complete Odes and Epodes: With the Centennial Hymn* 1.11, trans. William G. Shepherd (London: Penguin Books, 1983).

«Si los muertos no resucitan»: 1 Corintios 15:32

«Sean felices»: Robert Frost, «Carpe Diem», *The Poetry of Robert Frost: The Collected Poems: Carpe Diem*, ed. Edward Connery Lathem (New York: Henry Holt, 1969), 335.

«La idea bíblica de shalom»: Keller, *Every Good Endeavor*, 40.

CAPÍTULO 24: VENGA TU REINO

«El aumento de su soberanía»: Isaías 9:7 NBLA

«Habrá poder y paz en su reino»: Isaías 9:7

«¡La hora ha llegado!»: Marcos 1:15

«Todos los asuntos preliminares ya se han resuelto»: Dallas Willard, *The Divine Conspiracy: Rediscovering Our Hidden Life in God* (San Francisco: HarperCollins, 1998), 15.

Cuando confesamos nuestra fe en Él: Ver Juan 3:1–8

El Reino de Dios como definitivo... progresivo... final: Chilton, *Paradise Restored*, 73.

«Produce una cosecha»: Hebreos 12:11

El Reino de Dios es como una semilla: Ver Marcos 4:26–29

«Como una semilla de mostaza»: Mateo 13:31–32

CAPÍTULO 25 PAZ EN BABILONIA

«Multiplíquense allá»: Jeremías 29:6–7

«Busquen el bienestar de Shalom»: Jeremías 29:7 CSB (TRAD.)

«Inviertan en Babilonia»: Jeremías 29:7, traducción del autor; ver también MSG

«Gobernador sobre toda la provincia de Babilonia»: Daniel 2:48–49

CAPÍTULO 26 LO BUENO Y LO BELLO

«En cuanto lo hicieron a uno de estos hermanos Míos, »: Mateo 25:40

Belleza secundaria: Kyle Strobel, *Formed for the Glory of God: Learning from the Spiritual Practices of Jonathan Edwards* (Downers Grove, IL: InterVarsity Press, 2013), 49–53.

«Bueno y bello»: Longman and Strauss, *Baker Expository Dictionary of Biblical Words*, 362.

«Bueno y obra hermosa»: Vea Mateo 26:6–13

«Participamos en la continua actividad creadora de Dios»: Terry A. Smith, *Live 10: Jump-Start the Best Version of Your Life* (Nashville: Nelson Books, an Imprint of Thomas Nelson, 2013), 28.

«El entrelazamiento»: Plantinga, *Not the Way It's Supposed to Be*, 10.

«Contemplar la hermosura del Señor»: Salmo 27:4

«Deleitándome en la perfección del Señor»: Salmo 27:4 NTV

«El factor singular más importante»: Cody C. Delistraty, «The Beauty-Happiness Connection», *Atlantic*, August 15, 2014, www.theatlantic.com/health/archive/2014/08/the-beautyhappiness-connection/375678.

«Desde que los reinos de los hombres»: Douglas Jones and Douglas Wilson, *Angels in the Architecture: A Protestant Vision for Middle Earth* (Moscow, ID: Canon Press, 1998), 32–33.

«Algunas personas buscan un lugar hermoso, otros hacen que un lugar sea hermoso»: Ampliamente atribuido aHazrat Inayat Khan.

CAPÍTULO 27: PAZ Y GUERRA

«Ay de mí»: Salmo 120:5–7

«En cualquier casa que entren»: Lucas 10:5–6

No «paz, sino espada»: Mateo10:34

«Si es posible»: Romanos 12:18

«Cuando la vida de alguien agrada al Señor»: Proverbios 16:7 NTV

Dios «nos ha bendecido en las regiones espirituales»: Efesios 1:3

Estamos sentados con Cristo «en las regiones celestiales»: Efesios 2:6

«Muy por encima de todo gobierno y autoridad, poder y dominio»,: Efesios 1:21

Nuestra lucha es «contra poderes»: Efesios 6:12

«El mundo invisible de la realidad espiritual»: Stott, *Message of the Efesios*, 81.

«Dos errores iguales y opuestos»: *The Screwtape Letters* by CS Lewis © copyright 1942 CS Lewis Pte Ltd.

«Huirá de ustedes»: Santiago 4:7

«Personas sin cuerpo»: Efesios 6:12 TLB (TRADUCCIÓN)

«Cuando nos sometemos a Dios»: Ver Santiago 4:7

«Vence el mal con el bien»: Romanos 12:21

«Construido una fortaleza»: Salmo 8:2 CSB

«Póngase toda la armadura de Dios»: Efesios 6:13

«Calzados con la disposición»: Efesios 6:15

«Pie firme»: Efesios 6:15 NEB (TRAD.)

«Presteza para anunciar»: Efesios 6:15 GNT (TRAD.)

CAPÍTULO 28: LA PAZ SEA CON USTED

«Jesús vino y se paró en medio de ellos»: Frederick Dale Bruner, *The Gospel of John: A Commentary* (Grand Rapids, MI: William B. Eerdmans, 2012), 1158.

«Aquí estas palabras son mucho más que un saludo»: Gary M. Burge, *The NIV Application Commentary: John* (Grand Rapids, MI: Zondervan, 2000), 558.

Dios mismo había prometido en Edén: Ver Génesis 3:15

Isaías profetizó: Ver Isaías 9:6–7

El salmista prometió: Ver Salmo 85:10

Miqueas predijo: Ver Miqueas 5:2–5

Zacarías predijo: Ver Lucas 1:78–79 e Isaías 59:8

«¡Se llenaron de alegría cuando vieron al Señor!»: Juan 20:20 NTV

«En mí tengan paz»: Juan 16:33

Diferenciar entre tener fe *en* Jesús: Dallas Willard, *Life without Lack: Living in the Fullness of Salmo 23* (Nashville: Nelson Books, 2018), 92.

«Se desató una tormenta feroz»: Marcos 4:37–38 NTV

«¿No te importa que nos ahoguemos?»: Marcos 4:38 NTV

«Silencio, ¡cálmense!»: Marcos 4:39 NTV

«Hubo una gran calma»: Marcos 4:39

«Mi paz les doy»: Juan 14:27

Una antigua parábola: Ravi K. Zacharias, *Can Man Live without God* (Nashville: W Publishing, 1994), 109–110.

«Que el Señor mismo de la paz»: 2 Tesalonicenses 3:16

Reconocimientos

Gracias a la gente maravillosa de The Life Christian Church. Ha sido tan significante hacer shalom con ustedes de tantas maneras por tantos años. Lo mejor aún está por venir.

Gracias a la junta directiva y a los ancianos de TLCC por apoyarnos a Sharon y a mí de todas las maneras concebibles. Estoy profundamente agradecido con cada uno de ustedes.

Gracias al asombroso equipo del personal de TLCC también. Su colaboración y el hecho que cada uno realiza su trabajo tan eficazmente me permite hacer cosas como escribir este libro. No lo podría hacer sin ustedes ni quisiera hacerlo sin ustedes.

Gracias a Daisy Crespo, asistente ejecutiva de Sharon y mía. Su polifacético trabajo en este proyecto ha sido ejemplar. Os apreciamos.

Gracias al fantástico equipo editorial. Un agradecimiento especial a Kim Bangs por hacer realidad este proyecto, a Stephanie Smith por ayudar a que el mundo lo conozca y a Lori Janke por editar y mejorar mi trabajo.

Gracias a quienes leyeron el manuscrito inicial y me dieron muy buenos comentarios. ¡Qué grupo! Milton Eng, Russ Hammonds,

Lauren Rivera y Caleb y Lindsay Smith. Agradezco mucho su inversión de tiempo y sus incisivas perspectivas.

Gracias a mi esposa, Sharon, por las muchas maneras en que me has apoyado todos estos años. Te amo.

Gracias al Dios de toda paz. Me has bendecido con más y mejor de lo que jamás hubiera imaginado. Que tu shalom aumente en la vida de todos los que lean este libro.

Sobre el Autor

Terry A. Smith ha sido el pastor principal de The Life Chri tian Church, ubicada en el área metropolitana de Nueva York/ Nueva Jersey, durante más de 30 años. Autor de varios libros, Terry es un talentoso comunicador que imparte conferencias en diversos lugares, tanto a nivel nacional como internacional. Obtenga más información en TerryASmith.com.

Conéctese con Terry:

TerryASmith.com

TLCC.org

/PastorTerryASmith

@Terry_A_Smith

@TerryASmith747

SERIE DE MENSAJES GRATIS

POR TERRY A. SMITH

En inglés

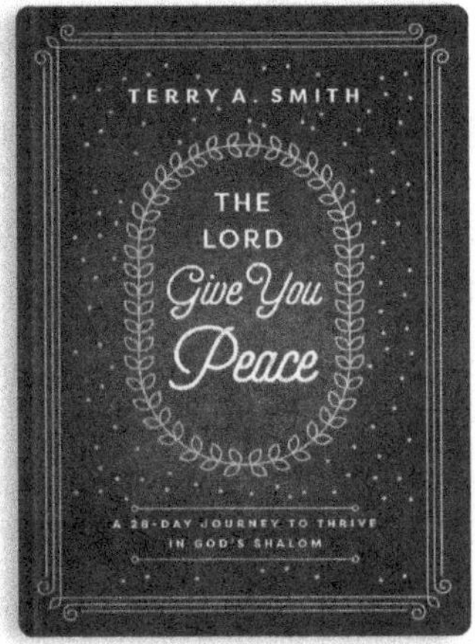

El Pastor Terry A. Smith ofrece paquetes gratis para sermones para The Lord Bless You y The Lord Give Your Peace en TerryASmith.com. Dentro de cada paquete, encontrará sermones, guías de discusión para grupos pequeños, paquetes creativos, cantos originales, materiales de promoción y más.